Robert Hessen

Der Sport

unikum

Robert Hessen

Der Sport

ISBN/EAN: 9783845741918
Erscheinungsjahr: 2012
Erscheinungsort: Bremen, Deutschland

www.unikum-verlag.de | office@unikum-verlag.de

Bei diesem Titel handelt es sich um den Nachdruck eines historischen, lange vergriffenen Buches. Da elektronische Druckvorlagen für diese Titel nicht existieren, musste auf alte Vorlagen zurückgegriffen werden. Hieraus zwangsläufig resultierende Qualitätsverluste bitten wir zu entschuldigen.

Robert Hessen

Der Sport

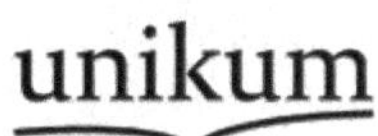

DER SPORT

VON

ROBERT HESSEN

FRANKFURT AM MAIN
LITERARISCHE ANSTALT
: RÜTTEN & LOENING

Einband- und Vorsatz-Zeichnung sind von Peter Behrens
: : : Die Initialen zeichnete Hermann Kirchmayr : : :

: : : : : : Druck von Oscar Brandstetter in Leipzig : : : : : :

Der Sport in seiner Heimat

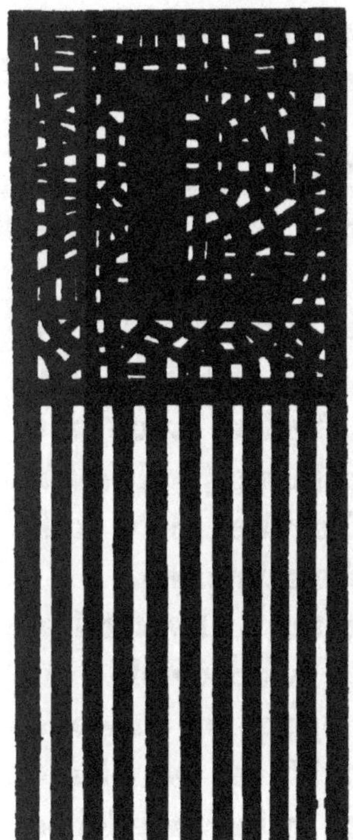

ANGSAM IST MAN DAHINTERGEKOMmen, daß die Annehmlichkeiten der Kultur auch schwere Gesundheitsschäden mit sich bringen, die nicht ruhig ertragen werden sollten, da mindestens den gebildeten Schichten im Sport Sicherung und Rettung winkt. Da es Dutzende von Abarten gibt, seien hier seine gemeinsamen Kennzeichen sogleich fixiert, damit Mißverständnisse nicht Platz greifen:

Erstens wird jeder echte Sport an freier Luft um seiner selbst willen betrieben.

Zweitens ist ihm eigentümlich das Streben nach Vervollkommnung, nach Beherrschung der betreffenden Technik.

Drittens will er diese Technik auch erproben im Ringen um die Meisterschaft, im selbständigen und freien Antreten zum Wettspiel.

Es leuchtet sofort ein, weshalb gewisse körperliche Belustigungen, die der flüchtigen Betrachtung wie Sport vorkommen, doch kein Sport sind. Das beliebte Kegelschieben in geschlossenen, schlecht ventilierten Räumen, womöglich mit den bekannten „Leierkugeln", hat mit Leibesübung kaum noch eine Verwandtschaft, vermag vielfach keinen Stoffumsatz herbeizuführen, außer in üblem Sinn durch gleichzeitige Aufnahme von viel zu viel alkoholischer Flüssigkeit. Ebensowenig verdient irgendeine stümperhafte Betätigung, z. B. auf einem Teich in morschem Kahn mit untauglichen Rudern, den hohen Namen, auch wenn sie an freier Luft stattfindet. In großen Hallen, deren reiche Luftmengen das Atmen erleichtern, mag ein gutes Winterturnen dem Sport verwandter sein als das Herumtrödeln auf einem sommerlichen Tennisplatz mit schadhaften Schlägern, „ausgepumpten" Bällen, ohne Saft und Kraft, ohne Trieb und Ernst. Trotzdem gehört selbst bei musterhafter Ausführung zum wirklichen Sport auch im Sommer nur jenes Turnen, das auf meßbare Leistungen, das Aufstellen eines „Rekord" abzielt, während alle Bemühungen, die der Jugend lediglich von der Schuldisziplin abgenötigt werden und die Freuden, den Anreiz des Wettspiels nicht in sich schließen, auch den brennenden Eifer der Vorbereitung, des „training", mit allen seinen günstigen Einwirkungen auf die Psyche nicht mit sich bringen können und aus dem Sport herausfallen.

Ein altes Verslein sagt: „Wer den Dichter will verstehn, muß in Dichters Lande gehn." Das gilt ebensowohl für unser Thema. Wer nicht weiß, was der Sport in England bedeutet, und ihn etwa nur bei uns zu Hause studieren wollte, würde sein wahres Wesen und auch seine möglichen Folgen nicht erfassen. Auf den meisten Gebieten befinden wir uns lediglich im Stadium einer beginnenden mechanischen Nachahmung. Das ist nicht immer so gewesen; denn Sport ist ein uraltes, ein urdeutsches Wort; Prof. Hüppe hat es in der gotischen Bibelübersetzung des Wulfila entdeckt, ziemlich in dem gleichem Sinn, den es heute noch hat. Die Liebe zur freien Luft, wie das Streben nach körperlicher Vervollkommnung gehören eben zu den tiefsten germanischen Instinkten, von denen auch die anglo-normännische Rasse zehrt, so daß wir nur Eigentum auf diesem Wege zurückerhalten. Allein der Dreißigjährige Krieg mit seiner furchtbaren Kultur- und Kapitalverwüstung hat in Deutschland einen scharfen Einschnitt getan. Während sportlich die Engländer sich ruhig weiter ausbildeten und aufs feinste differenzierten, während der Sport so, wie wir ihn am Eingang erläutert haben, bei unsern Vettern zu einem rechten Lebenselement der ganzen Nation, zu einem Haupterziehungsmittel der Jugend wurde, bis in die niedrigsten Schichten hinunter die sozialen Gewohnheiten beeinflußte und sie zuweilen geradezu formte, waren uns Deutschen derartige Neigungen und Sitten fremd. Zwar Jagen und Reiten sind natürlich auch in Deutschland niemals ausgestorben gewesen. Aber was hatte die Jugend viel mit ihnen zu tun? Unsern Buben blieb eigentlich nur das Baden und Schwimmen, das freie Herumspringen bei kindlichen (Greif-) Spielen, das Ringen von Mann zu Mann oder auch in großen Schulklassenkämpfen, in Frühjahr und Sommer gewisse Ballspiele. Doch die Pferderennen bedurften um die Mitte des vorigen Jahrhunderts energischer Pflege; an stilgemäßes Wettrudern dachte kein Mensch; auf englischen Sportbetrieb sah der deutsche Schulmann wie auf zeitraubenden Unfug. So ist es gekommen, daß der Anbau mancher Leibesübung noch heute bei uns von befangenen Sportgegnern als „Nachäffung des Fremden“ verhöhnt wird, während das betreffende Spiel festländischen Ursprungs und vor dem Dreißigjährigen Kriege auch in Deutschland viel verbreiteter als auf den britischen Inseln gewesen war. Aber schauen wir zunächst einmal, was zurzeit in England als Sport hauptsächlich betrieben wird.

Das populärste, alle Stände jenseits des Kanales von oben bis unten durchdringende, recht eigentliche Nationalspiel ist Kricket. Es gilt für so notwendig, daß die englische Flotte keine Kohlenstation im Atlantischen oder Stillen Ozean einrichtet, ohne zugleich einen Kricketplatz für die an Land gehenden Matrosen und Blaujacken anzulegen. Aber Kricket ist ein ausgesprochenes Sommerspiel. Es werden die „runs" gezählt, die Läufe von Mal zu Mal, während der Ball unterwegs ist. Je steiler die Sonne herniederbrennt, desto mehr kann englische Zähigkeit sich hier bewähren, desto gründlicher ist das „training" für die kommenden Anstrengungen der Tropenwelt. Mitten im Herzen von London aber, unweit vom Regentenpark, haben sich „Lords Crickets Grounds" als eine grüne Oase erhalten, weil die enormen Zuschauermengen, die bei großen Wettkämpfen zusammenströmen, mehr Geld einbringen, als die Mieten dort errichteter Häuser tun könnten.

Das nationale Winterspiel wiederum ist Fußball. „Football" ist so verbreitet in England, daß jede Grafschaft ihre repräsentative Mannschaft hat und schlichte Bergleute, Kutscher, Schuhmacher, Barbiere, die sich im Kampf auszeichneten, hier Gelegenheit finden, als „professionals" eine geachtete Lebensstellung zu erringen.

Damit haben wir zugleich eine Scheidewand erwähnt, die durch den ganzen englischen Sportbetrieb geht: die gentile Welt (der sog. „amateurs") ist von der professionellen geschieden. Kein Gentleman darf Sport für Geld oder um Geld treiben. Daher sagt wohl ein Tennis-Trainer, der an sich ein ganz patenter Bursche sein kann, auf dem Kontinent zu jemandem, der bei ihm Unterricht nimmt, stolzbescheiden: „Ich sage es Ihnen gleich: I am no gentleman." Das heißt auf Deutsch: Du brauchst mich außerhalb der Stunde nicht anzureden, und es wäre mir nur peinlich, wenn du dich an meinen Tisch setztest. Daher läuft andrerseits der Rennsport wegen seiner vielfältigen Verquickungen mit

Handel und Geschäft, mit „Schiebungen“ und hohen Wetten so häufig Gefahr, die Noblesse des eigentlichen Sports zu verlieren. Im ganzen aber ist es ein Verdienst der Engländer, allen Sportbetrieben gerade durch jene strenge Scheidung ihre Vornehmheit erhalten zu haben.

Blickt man auf die gebildeten Klassen für sich, so werden freilich die Sport-Rangstufen ein wenig anders. Noch Thackeray glaubte in seinem „Vanity fair“ den jungen Osborne dem Leser dadurch zu empfehlen, daß er ihn den besten Kricketer im Regiment nannte, sowohl für „batting“ als für „bowling“, für das Abwehren wie für das Werfen des Balles. Das war zur Zeit der napoleonischen Kriege. Seither hat von den Universitäten Oxford und Cambridge, von den altrenommierten Schulen Harrow und Eton her sich das Rudern als ehrenvoller vorgeschoben. Das hat natürlich seine ökonomischen Ursachen. Ein billiger Kricket-Ball und -Schläger genügen der ganzen Mannschaft, und wer vorlieb nimmt, wird auch um eine Kricket-Wiese nicht allzusehr in Verlegenheit sein. Ein Ruderboot dagegen, vorausgesetzt, daß man einen Fluß in der Nähe hat, bedeutet schon eine große Ausgabe, eine größere bedeuten das unerläßliche Boothaus und Klubhaus mit allem Drum und Dran. Rechnet man also bei kleinen Leuten 1. Kricket, 2. Fußball, und das andere erst, wenn es zufällig irgendwie zu haben ist, so heißt es bei den Gentlemen unbedingt: 1. Rudern, 2. Fußball, 3. Kricket. Die acht Blauen (eight blues), die, in Oxford dunkel-, in Cambridge hellblau, ihre Universität bei den berühmten alljährlichen Ruderwettkämpfen zu vertreten haben, gelten als die vornehmste Mannschaft, vornehmer als die „eleven blues“ vom Fußball. Und keine Veranstaltung erregt bei den großen Schulfesten in Eton oder

Harrow größeren Jubel, als die Bootparade, wo stets nachdem die verschiedenen Mannschaften mit ihren strauß- und bändergeschmückten Steuerleuten den versammelten Flor der Angehörigen passiert haben, auch ein Alter-Herren-Achter, mit sehnigen, bärtigen Gestalten besetzt, in langen ruhigen Schlägen vorübergezogen kommt, „immensely cheered“. Aus der siegreichen Schulmannschaft sofort unter die „eight blues“ der Universität aufgenommen zu werden, von hier in den londoner — bis die Vlämen aus Gent ihn schlugen, „unbesiegbaren“ — Leander aufzurücken, ist eine reizvolle Laufbahn, des Lobes der besten Engländer gewiss. Dagegen kommt Lawn-Tennis, das die Herzen der gebildeten Deutschen im Sturm erobert und im letzten Jahrzehnt eine ganz gewaltige Ausdehnung bei uns gewonnen hat, in England neben jenen drei großen Passionen für Rudern, Fußball, Kricket kaum in Betracht. Zwar auch hier exzellieren die Briten, sind vorbildlich für Technik und Form, ihre musterhaften Turniere in Wimbledon werden bis aus Amerika und Australien, neuerdings auch vom Festlande her bestritten. Gleichwohl bildet Lawn-Tennis dort mehr einen Schmuck, ein Nebenbei. In der Schätzung der Londoner saß es so lose, daß vor acht Jahren das neu aufkommende Golfspiel sämtliche Tennisklubs auf etwa ein Drittel ihrer Mitglieder entvölkerte.

Muß ich nun neben dem sportlichen Grundstock noch sämtliche kleineren Filialen aufzählen? Sicherlich, der Segelsport spielt seine große Rolle — für Millionäre. Die Leichtathletik erscheint überall wohlangebaut mit ihrem freien Hoch- und Weitsprung, ihrem Wettlauf über kurze und lange Strecken, Steinstoßen und Ballwerfen. Das quer über Land (cross country) Laufen mit seinen nervenstählenden Strapazen und Überraschungen ist in England allgemein in

Übung. Und was könnte gar verbreiteter als das Radeln sein? Dagegen wäre man schon in Verlegenheit zu sagen, welche muskulösen Vorteile das Auteln mit sich bringe. Die Überwindung weiter Entfernungen abseits von den Schienensträngen mag höchst angenehm sein. Doch man braucht nur auf die Kleidung der Autler zu blicken, um bei dieser oft hermetischen Abschließung der Haut von der Luft vergewissert zu sein, daß Ausdünstung und Gewebsreinigung zu kurz kommen.

Von hier gewinnen wir die rechte Richtung. Kein Sport, mag er noch so belustigend sein, kann für vollkommen gelten, sobald er die Gesundheit nicht energisch fördert. Betrachten wir die beiden kümmerlichen Erfindungen, die der italienische Volksgeist uns hinzugefügt hat: Boccia und Diavolo, stellen das französische Krokett mit seinen kleinen Spazierschritten, seinen gekrümmten Rücken, seinen am Boden haftenden Blicken dem cross country-Lauf der Engländer gegenüber, und wir werden inne, wo unsre wahren Wohltäter sitzen. Prüfen wir daher, ohne uns um Technik und Taktik der zahlreichen Spielarten zu kümmern, vor allem einmal die Veränderungen und Eigenheiten, die der Sport am englischen Volkskörper selbst wie an der sozialen Verfassung des gesamten Britentums bereits vollzogen hat.

Da fällt uns gegen frühere Zeit vor allem ein gewaltiger Unterschied auf: während vor hundert Jahren noch die englischen Gentlemen den Wettkämpfen andrer zuzuschauen liebten, wie die römischen Senatoren von ihren Polstern her dem Blutvergießen der Arena, ist der sportliche Betrieb mehr und mehr eigentätig geworden. Aus Shakespeares Tagen kennen wir ja den Bärengarten, der mit seinen penetranten Düften ganz Southwark, wo die Theater standen, versorgte.

Dort war das rohe „bear-baiting", das Hetzen von Hunden auf einen geblendeten an der Kette liegenden Petz, eine beliebte Belustigung für Hoch und Niedrig. Auch vor hundert Jahren noch nahmen Hahnenkämpfe, Kämpfe zwischen Bulldoggen oder berühmten Boxern zehnmal soviel Interesse in Anspruch, wie heute das große Fußball-match zwischen England, Wales, Schottland und Irland im Krystall-Palast zu London. Thackeray in „Vanity fair" läßt seinen Pastor Crawley meilenweit über Land fahren, um zwei berühmte Hähne aufeinander losgehen zu sehn, und vor ihm zeigte Hogarth uns das Bild eines blinden Lords, der mit einem Paket Banknoten vor sich und rein auf die Berichte seiner Ohrenbläser über den Gang des Hahnenkampfes angewiesen, doch das Wetten nicht lassen konnte. Denn damals waren alle diese Betriebe, wie ganz besonders die großen Pferderennen, in erster Linie zugleich Hasardspiele, das Wetten, wie das Beispiel jenes blinden Lords beweist, noch wichtiger als das Zuschauen.

Es wäre hochinteressant, festzustellen, wann auf dem englischen Rasen die ersten „Herrenreiter" in den Sattel gestiegen sind, um das zu tun, was bisher nur die Jockeis taten. Die Sportgeschichte nennt als Kuriosum das Jahr 1377; doch erst 1780 wurde das erste Derby gelaufen. Man begreift den Segen, der dadurch entstanden ist, daß überall die Gentlemen selbst auch öffentlich in die sportlichen Wettkämpfe eingriffen und ihnen jenes Element hinzubrachten, das am einfachsten mit dem weltläufigen Wort „fairness" ausgedrückt wird. Jetzt erst vermochte der Sport, der schmutzigen Sphäre der Geldgier enthoben, seine veredelnden Eigenschaften wie für die Stählung des Charakters so auch für die Gemüter der Jugend zu entfalten. Es kommt kaum noch vor, daß selbst der aufregendste Schlußkampf eines Tennisturniers Anlaß zum Wetten gibt, und wenn überhaupt, werden diese Wetten in aller Stille abgemacht.

Daher treten aus dem englischen Sport zwei großartige nationale Vorteile deutlich ans Licht: einmal eine fast unwillkürlich gewordene Achtung für die Würde des Leibes, der nicht nur gleich einem Sklaven, einer quantité négligeable rein für die Forderungen des Geldsackes ausgenutzt und malträtiert, sondern systematisch gehoben und veredelt wird; zweitens eine Richtung des gesamten Volkscharakters auf Billigkeit in der Abgrenzung streitender Interessen, auf Achtung gegnerischer Rechte.

Selbst für den reinen Ästheten kann es keine erfreulichere Erscheinung geben als die eines hellblickenden, sonnengebräunten, „abtränierten" Briten in der Blüte der Kraft. Es gibt ihrer Hunderttausende, und jeder von ihnen wirkt ohne weiteres erzieherisch, indem er im Betrachter den Wunsch auslöst, ihm zu gleichen, während umgekehrt in Deutschland Hunderttausende schon durch ihre Erscheinung den Beweis schrankenloser Nachsicht gegen rohe Begierden erbringen. Daher durchzieht das gesamte Engländertum bis in die ärmsten Schichten der Fabrikarbeiter die Sehnsucht: Sport zu treiben und „gentlemanlike" zu sein, d. h. Leibeskultur zu pflegen bei (durch den Spieltrieb) gesteigertem Daseinsreiz und sich gemessen, mit Selbstbeherrschung und „fairness", dabei zu behaben, welcher Sehnsucht an freien Tagen oft mit einer rührenden Inbrunst nachgelebt wird, während Millionen deutscher Arbeiter an ihren Sonntagen nur den einen leidenschaftlichen Zug kennen: den Zug in den Biergarten.

Hier schürzt sich der Knoten. Man sieht: Engländer

und Deutsche haben, als Ganzes genommen und von Ausnahmen abgesehen, die sowohl hüben wie drüben vorkommen, ein völlig verschiedenes Ideal. Die Frage: „Was ist wichtiger, Körperpflege oder Geistespflege?“ wird zurzeit von den zwei Nationen in entgegengesetztem Sinn beantwortet. Im Altertum war man einig über sie; Aristoteles, der große Zusammenfasser der griechischen Lebensweisheit, stellte den lapidaren Satz auf: „Erst muß der Körper, dann der Verstand gebildet werden“; das Römertum glaubte an eine seelische Gesundheit nur in gesundem Leibe. In Deutschland bestreitet man nicht sowohl diese Sätze, als daß man ihnen nachzuleben glaubt, während es tatsächlich nicht geschieht.

Auch wir haben zwar einige auf Rassentüchtigkeit abzielende Organisationen entwickelt; aber unser übergroßes Vertrauen in sie macht uns blind für die Wirklichkeit. Dazu sind wir hypochondrisch geworden durch eine Hygiene, die dem ganz untergeordneten und schwächlichen Ziel nachjagt: die Volkszahl zu vermehren nicht durch Steigerung von Kraft und Fruchtbarkeit, sondern durch Herabsetzung der Sterblichkeitsziffer. „Die Mortalität“ ist unser A und O geworden; „Gesundheit“ bedeutet Freiheit von Seuchen, also nur mehr etwas Negatives. Würde das Publikum, das heute in unsern großen Städten verkommt, zu entscheiden haben, was vorzuziehen sei: eine Nation mit fünfzig Millionen saftstrotzender Athleten oder eine mit hundert Millionen hochgebildeter, doch militäruntauglicher Neurastheniker, so dürfte die Entscheidung zugunsten der Menge fallen, da es im Wesen körperlicher Entartung liegt, daß sie die Gesundheit aufrichtig haßt.

Freilich — „Wirtschaft, Horatio!“ sagt Hamlet. Auch

in Deutschland sind grobe ökonomische Ursachen tätig. Das ganze Problem wird stark beeinflußt und verschoben durch die Tatsache, daß wir im internationalen Wettbewerb scheinbar zurzeit den Engländern Boden abgewommen haben. Unsre Methoden, unsre nationalen Grundsätze müssen also, schließt die Majorität, doch so übel nicht sein, etwa wie ein Fabrikant unsre politischen Zustände für ganz vorzüglich erklärt, solang er viel Geld verdient.

Versuchen wir daher, den Dingen auf den Grund zu kommen, indem wir unsre Blicke dorthin wenden, wo das Überlebte mit dem Neuen am heftigsten aneinandergeraten ist.

Der Kampf um den Sport in Deutschland

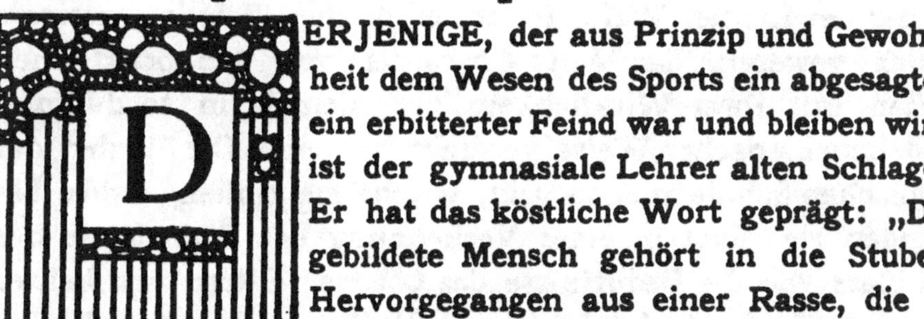

DERJENIGE, der aus Prinzip und Gewohnheit dem Wesen des Sports ein abgesagter, ein erbitterter Feind war und bleiben wird, ist der gymnasiale Lehrer alten Schlages. Er hat das köstliche Wort geprägt: „Der gebildete Mensch gehört in die Stube." Hervorgegangen aus einer Rasse, die — in Norddeutschland wenigstens — zu vier Fünfteln Landvolk war, hielt er die Gesundheit der ihm anvertrauten Jugend für eine Kerze, die niemals abbrennen könne. Diesen Fehler teilte er mit der deutschen Gesellschaft im allgemeinen, die sich früher überhaupt keine hygienischen Sorgen machte und voller Unbedachtheit unser gesundheitliches Anlagekapital in geradezu frevelhafter Weise verwüstet hat. Aber der Spezialfehler des deutschen Oberlehrers war außerdem ein seltsamer Mißbrauch des Wortes Charakter.

Charakter ist Eigenart, Gabe des Wollens, Kraft und

Lust zur Selbstbehauptung. Der deutsche Schulmann fabelte zwar viel vom charakterstarken deutschen Jüngling und vom deutschen Eichbaum, verstand aber unter eichenhaft augenscheinlich nur den Gehorsam und die Lust zur Unterwerfung. Unselbständigkeit erschien ihm als die höchste Charakterblüte, weil sie für ihn am brauchbarsten war. Sie diente seinem Ideal: den Zögling in einen willenlosen Schwamm für Aufnahme von Kenntnissen zu verwandeln. Gelang das, so war der Zweck der „Erziehung" erfüllt, für deren sonstige Aufgaben Verständnis wie inneres Bedürfnis gleich sehr zu fehlen pflegten. Jede Form von Trotz aber wurde als „Unreife des Charakters" gebrandmarkt.

Diese Sorte von Phrasendrusch und Selbsttäuschung ist in der englischen Welt, ist in englischen Schulen niemals üblich gewesen, das Wort Charakter von den praktischen Briten mit ihrer Wirklichkeitsliebe niemals in so dummer und heuchlerischer Weise verdreht worden. Die Sünden der englischen Schule mögen sein, welche sie wollen, sicher bestanden sie nicht in einer Verkennung der Bedürfnisse des Schülers wie der Bedürfnisse des Lebens. Eltern und Lehrer sahen in England, daß Kinder einen Willen haben, daß man ihn üben müsse, daß Selbstbehauptung eine herrliche Sache sei, daß der Schüler infolgedessen ein großes Maß an Freiheit (vom Schulzwang) und Sichselbstüberlassensein bedürfe. Diese Erziehung fürs Leben galt für wichtiger als das Sammeln von Kenntnissen für den Lehrer. Daher fragte der englische Vater, wenn er ins College zu Besuch kam, nicht: „Hat mein Junge gute Extemporalien geschrieben?" sondern er fragte und fragt noch heute: „Hat er (sportliche) Preise gewonnen?" Und die englische Schulphilosophie gipfelte in dem Apophthegma, bei dem freilich gar manchem deutschen Gymnasialdirektor die Haare zu Berge stehen dürften: „Jeder Hansnarr kann Unterricht erteilen und Kenntnisse eintrichtern; aber es erfordert einen sehr gescheiten Mann, die Sports zu handhaben (every fool can do the instructional part; but it takes a very clever man, to manage the sports)."

Ich kann nicht finden, daß dieses System die Engländer irgendwie verhindert habe, große Dichter und Gelehrte, große Volkswirte und Politiker hervorzubringen; sicher haben sie mit ihm bisher die Herrschaft zur See und ein riesiges Kolonialreich mit dreihundert Millionen Menschen behauptet, sind aber trotzdem in ihren Oberschichten eine muskelkräftige, zum Ertragen von Strapazen jeder Art höchst geeignete, dem Auge des Beschauers erfreuliche und von oben her den untern Klassen mit Recht vorbildliche Rasse geblieben. Die Deutschen sind inzwischen aus einem Landvolk eine riesige Handels- und Industriemacht geworden, aber die akademischen Kreise den untern Schichten leider vorbildlich für die Aufnahme übermäßiger Biermengen.

Wird eine mittlere Linie sich ziehen lassen? Die Mängel des englischen Systems will man in einer Brutalisierung der Jugend finden, in einer Abstumpfung für intellektuelle und Gemütswerte. Davon Genaueres im neunten Kapitel. Es fragt sich aber, was geschehen kann, wenn die Briten, ohne den Sport aufzugeben, ihre gesammelte Spannkraft mehr als bisher im wirtschaftlichen Wettkampf auf den Gebieten von Technik und Naturwissenschaft anwenden lernen, während diejenigen deutschen Geschlechter, die ihre merkantilen Erfolge mit ihrer Gesundheit erkauft haben und bereits entartet sind, niemals aus sich heraus wieder fähig werden können, eine frische, triebkräftige Generation zu erzeugen, die sich neben sportlichen Engländern blicken lassen, neben ihnen zu bestehen hoffen dürfte.

So hat sich denn in Deutschland neuerdings mehr und mehr die Wagschale des Sports gesenkt; die Ideale unsrer alten Schulmänner sind als zu leicht befunden worden. Es werden viele von ihnen erst hinwegsterben müssen, bevor die Bahn völlig frei geworden ist. Aber eine Generation junger Lehrer, die England gesehen und selbst schon die Freuden unbeaufsichtigter Wettkämpfe an frischer, freier Luft verkostet haben, macht sich überall bemerkbar und wird eines Tages das Banner der guten Sache zum Siege führen. Es ist in keiner Weise notwendig, daß nun die Förderlichkeit unsrer Schulen in Ansehung der Wissenschaften leiden müßte, sobald auf Körperkultur mehr Wert gelegt würde. So lag das Problem ja gar nicht. Nur darum handelt es sich: diejenigen Stunden, die früher durch die Fehlpolitik unsrer Lehrer verschleudert worden waren, zu Leibesübungen heranzuziehen. Unsre Lehrer bildeten sich ein, durch die rein mechanischen, doch bequemen Hilfsmittel von Befehl, Verbot und Strafe alle Schüler auch in den Freistunden hinter der Lampe bei den Büchern festhalten zu können. Die Schüler indessen, die gerade in den Freistunden etwas andres als nur wiederum die Schule verlangten, liefen in geheime Kneipen, schoben Kegel oder saßen bei den Karten. Diese überschüssigen, früher vergeudeten Kräfte zur Stählung der Energie zu verwenden, das wird Endziel und Lohn der Bewegung bilden, die auf eine Aneignung des englischen Systems hindrängt, soweit eine Nation von der andern überhaupt zu lernen und ihr nachzuahmen vermag.

„Aber“, so hör' ich rufen, „wozu eigentlich der ganze Lärm? Wir haben ja das Turnen!!“ Die so sprechen, verkennen immer noch ganz und gar, weshalb gerade das Turnen niemals den Sport in den Herzen der Jugend ersetzen kann, und es lohnt wohl der Mühe, die Geschichte dieser deutschen Erfindung mit schnellem Blick zu betrachten.

Es hat natürlich auch vor hundert Jahren, wo deutsche Knaben und Jünglinge sich versammelten, niemals an Kraftübungen und Wetteifer ganz gefehlt. Es wurde gerungen, gehakelt, Tau gezogen, gesprungen, geworfen, gehoben, wettgerannt usw. Aber alles dies bildete keinen Gegenstand für Unterricht in Schulen, es waren nur die körperlich Begabtesten, die es unmethodisch und auf eigne Faust betrieben. Der erste, der daraus einen Lehrgegenstand machte, hieß Guts Muths (geb. 1759), der an einer von Salzmann gegründeten Anstalt zu Schnepfental seit 1785 alle seine Zöglinge systematisch anleitete, die ersten Geräte aufstellte, 1793 eine „Gymnastik für die Jugend“, 1796 „Spiele für die Jugend“ in Lehrbüchern fixierte. Friedrich Ludwig Jahn war es dann, der zur Franzosenzeit im Jahre 1810 damit anfing, in Berlin von der Plamannschen Schule aus Knabenscharen zu Leibesübungen ins Freie zu führen und für sie die Bezeichnung „turnen“ aufbrachte, was er von „Turnier“ ableitete und — übrigens irrtümlich — für ein kerndeutsches Wort hielt. Jahn baute die von Guts Muths eingeschlagene Bahn zielstrebig zu einer Wiedergeburt der damals verweichlichten Jugend aus. Man muß sagen, daß dieses Geräteturnen in Riegen sowohl der ökonomischen Lage des preußischen Volkes, wie seinem Verständnis fürs Exerzieren vorzüglich angepaßt war. Schon Fußball würde viel zu kostspielig gewesen und äußerst geringem Wohlwollen begegnet sein; ein Reck aber, ein Barren, ein Bock, ein Sprungbrett kosteten wenig und waren bald besorgt. Ein gesunder demokratischer Zug ging durch das Turnen, weil auch der Ärmste mitmachen konnte. Die 1817 gegründete Burschenschaft griff dann Jahns Ideen auf, doch gerade das sollte der guten Sache zum Verhängnis gereichen. Im Jahre 1819 nach dem Attentat Sands auf Kotzebue wurden allein in Preußen achtzig Turnplätze gesperrt, und unser Turnvater Jahn lebte, von seinem eigensten Gebiet abgedrängt, bis 1836 unter polizeilicher Aufsicht.

Man kann freilich im Zweifel sein, was vonseiten des Staates der Idee des Turnens mehr geschadet habe: die ursprüngliche plumpe Verfolgung oder, nachdem 1842 der staatliche Bann von ihm genommen worden war, seine Ausnutzung als eines andersgearteten Erziehungsmittels, um den Charakter der Jugend zu knicken und sie in widerspruchslose Maschinen zu verwandeln. Das Turnen wurde Unterrichtsgegenstand in den Kasernen; die dort geübten Weisen wieder kehrten zurück in die Gymnasien. Die Direktoren gewöhnten sich daran, im Turnen eine Gelegenheit mehr zu erblicken, um den Schüler für so und soviel Stunden unter die Fuchtel des Lehrers zu stellen. Die Schüler ihrerseits empfanden gar häufig in ihm nur einen erzwungenen, durch endlose Freiübungen langweiligen Dienst, der ihr Herz nicht höher schlagen machte.

Hier sieht man nun den fundamentalen Unterschied zwischen deutschem und englischem Wesen klaffen. In England wird jeder Sport, den die Jugend treibt, von ihr selbständig und für sich betrieben. Angegeben werden lediglich die Sportarten und ihre Jahreszeiten. Läßt ein Lehrer sich dann überhaupt bei diesen Spielen blicken, so kommt er als Kamerad; er kommt, um das zu zeigen, was die jungen Burschen noch nicht kennen; er kommt, weil zufällig in der Mannschaft einer fehlt, oder um ein „match“ als Oberschiedsrichter zu leiten. Aber er kommt nicht alltäglich als Aufseher, um zu berufen und „anzuzeigen“. Wer in Heidelberg und seiner Umgegend zu Hause war, wird Sommers oft in früher Morgenstunde zwischen dem Neckar und Neuenheim-College acht- oder zehnjährigen Buben begegnet sein. Es sind die in der Bootsprache sog. „nippers“, die sich ihren warmen Bettchen entwunden haben, weil ihr „captain“, ein gleichaltriger Kommilito, sie zum Ruder-training angesetzt und bei Faulheit oder Renitenz über ganz andre disziplinarische Einwirkungen zu verfügen hat, als der Schuldirektor haben würde. Dies ist die Methode, durch die britische Knaben so früh wie möglich zur Selbstverantwortung erzogen werden, während altmodische deutsche Schulmänner trotz allem Schwatz vom „deutschen Charakter“ das Bestreben haben, ihre Zöglinge möglichst lange kindsköpfisch in Unsicherheit und Unselbständigkeit zu halten.

So hat sich denn das Turnen bei uns entwickelt, wie es nicht anders konnte; der militärische Drill belastet schwer und schwerer den ganzen Betrieb, der vielfach nur noch als eine Vorübung zum Parademarsch erscheint und jene intime Fühlung mit der Natur, die Jahns Ausfahrten im Jahre 1810 ihm zu verleihen suchten, verloren hat. Man beobachte irgend eine Riege bei ihren Übungen: das Kommando ist vollkommen militärisch. „Auf! Eins, zwei, drei, vier, ab! Marsch!“ Die Hauptsache scheint zu sein, daß bei dem Wort „Marsch!“ der Oberschenkel aus dem Hüftgelenk hoch nach oben gerissen wird und der Turner wie eine Gliederpuppe davonzappelt. Aber solche Gerätübungen sind immer noch erträglich, verglichen mit jenen vergeudeten Stunden, durch die kräftige und lebige Primaner damit hingeleiert werden, den rechten Fuß vorwärts oder den linken seitwärts zu stellen.

Daher hat man bei den privaten Turnvereinen mit sicherem Instinkt längst schon den Anschluß an sportliches Wesen zurückzugewinnen gesucht, indem man überall zum Aufstellen eines „record“ und zum Zählen von Punkten je nach der Schwere und Vollkommenheit der einzelnen Leistung überging. Das widerspricht natürlich ganz der herrschenden militärischen und gymnasialen Idee vom Zweck der Sache, da der Turner strampeln soll, weil es ihm befohlen wird und er einen Beweis von Disziplin dadurch abzulegen vermag, mit der gleichen Freudigkeit, auch wenn er es langweilig zum Erbrechen findet; nicht aber weil er etwa jemanden übertreffen, seinem Verein Ruhm gewinnen, einen neuen Rekord aufstellen könnte. Zum Glück ist jedoch für die hunderttausende deutscher Turner außerhalb der Schulen die Streitfrage: „Sport oder Drill?“ endgültig zugunsten des Sports entschieden, genügt hier das Turnen trotz gewissen unfreien Formen nunmehr doch dem dritten der am Eingang angeführten sportlichen Erfordernisse: dem Antreten zum Wettspiel. Die Turnvereine, die Gau- und Landesverbände sind untereinander in Konkurrenz getreten, wie es sich gehört; nicht sowohl Turnen, als „Wetturnen“ lautet die Parole. Dadurch allein ist auch dem großen Segen, den Kraftübungen selbstverständlich für Leibeszucht und Rasse mit sich bringen, die Zukunft gesichert. Die Schule alten Stiles freilich, sobald sie das Wehen dieses Geistes spürte, versuchte mit arger List nicht sowohl eine Konzession an ihn zu machen, als vielmehr durch scheinbares Nachgeben ihn umzubiegen und auf den alten übelbewährten Pfaden zu bleiben durch Einrichtung der sog. „Jugendspiele".

Diese Jugendspiele kann man schlankweg in zwei Klassen teilen: in solche, bei denen Lehrer „die Aufsicht führen", und solche, bei denen die Jugend sich selbst überlassen bleibt. Von Humanität will ich gar nicht reden; wenn die hohen Herren an der Zentralstelle nur endlich merken wollten, was praktischer ist. Denn Jugendspiele sollen ja unter allen Umständen den Zweck haben, den Schulschäden entgegenzuwirken und eine gewisse, den Lehrern beim Unterricht angenehme Frische der Schüler wiederherzustellen. Wer aber jemals kümmerlich in Rotten anrückende kleine Mädchen ein Lied piepsen hörte, während die gelangweilten Gesichtchen es verrieten, wie so rein garnichts die jungen Gemüter sich von solchem Zug „ins Freie" versprachen, und wiederum das Jauchzen einer beim Spiel warmgewordenen Knabenschar noch in den Ohren hat, wird nicht im Zweifel sein, wo die größere Aussicht auf Erholung und Entspannung besteht. Ich selbst erinnere mich eines Knabentrupps, der unter Anführung seines Lehrers im Grunewald Bewegung und Jugend spielte; es war ein trübsäliger Anblick. Gejauchzt haben diese Jungen nur einmal, als nämlich der Gestrenge lang hinschlug, weil er selbst sich einen Luxus gestattet hatte, den er den andern verbot: seine Schritte zu beschleunigen. Mir wird sein heiseres: „Nicht laufen! Nicht laufen!" unvergeßlich bleiben. Von andern Seiten vernahm ich Besseres. Unsre Hoffnungen ruhen auf der jungen Lehrer-Generation; möge sie sich im zähen Kampf mit der Zentralstelle bewähren.

Wenden wir unsre Blicke von den Schulen, wo dieser

Kampf noch tobt, ins breite Publikum, so wird das Bild weit erfreulicher. Von allen Seiten empfangen wir den Eindruck, daß der Sport in Deutschland in sieghaftem Vorschreiten ist, die Zahlen mehren, die Leistungen heben sich. Fußball hat unter jungen Kaufleuten, besonders in Süd- und Westdeutschland, eine ganz erstaunliche Ausbreitung erreicht. In Städten wie Frankfurt, Karlsruhe, Mannheim, Pforzheim, Straßburg, Freiburg, Stuttgart gibt es jedesmal eine ganze Reihe von Klubs, die um die Palme ringen; die Wettspiele bald hier bald dort werden von gewaltigen Zuschauermengen besucht und nicht selten von England her bestritten. Allerdings kann vorläufig das Verhalten dieser Zuschauer wie der Mannschaften selbst von englischem Behaben nicht verschiedener sein. In England ist das Publikum aufgeregt, es unterstützt seine Lieblinge durch anfeuernden Zuruf und bricht bei guten Leistungen oft in begeisterten Beifall aus, während aus den Reihen der Wettkämpfer selbst nur hier und da ein sachlicher Kommandolaut zu hören ist; in Deutschland umgekehrt verhält sich die Masse meist schweigend aus Mangel an rechtem Verständis, während unter den Fußballspielern das Schreien und insonderheit gegenseitige Vorwürfe kein Ende nehmen. Seit in Karlsruhe vor Jahren einmal ein Direktor, der ohne jeden Beruf mitten ins Spiel hinein und natürlich störend über das Blachfeld spazierte, von der munteren Jugend umgelaufen worden war, galt das Spiel in Gymnasialkreisen lange Zeit für „roh". Inzwischen ist man inne geworden, wie jede Aufbesserung des Bürgersteiges in der betreffenden Stadt mehr verknaxte Knöchel verschuldet als alles Fußballspielen im ganzen Jahr, und überall findet man heute Schüler in den Mannschaften. Natürlich kann jene Gesinnung, die Hypochondrie für das höchste Jugendglück hält und nur solche Spiele zulassen möchte, bei denen jedes Risiko gewissermaßen mathematisch ausgeschaltet werden kann, niemals aussterben. Allein welch eine große Rolle hierbei der Gewohnheit zukommt, merkt man ja sofort bei einem Blick aufs Wasser. Die Zahl der Knaben und Mädchen, die alljährlich beim Baden und Schwimmen, ganz besonders aber durch leichtsinniges Besteigen oder Handhaben von untüchtigen Fahrzeugen nicht etwa nur verletzt werden, sondern einfach ertrinken, beläuft sich in Deutschland auf mehrere tausend im Jahr. Allein das Herumgondeln auf Seen, Teichen und Flüssen ist etwas, das schon unsre Mütter kannten, während sie Fußball nie gesehen hatten. Daher wird Kahnfahren erlaubt und Fußball nicht, oder doch nur unter zähem Protest.

So hatte auch das sportliche Rudern in Deutschland einen schweren Kampf zu bestehen, da unsre Schuldirektoren wohl an das Tändeln mit quietschenden Riemen in Seelenverkäufern ohne Kiel gewöhnt waren, doch solche Worte wie „Mannschaft" und auch das schnelle Vorwärtskommen eines sportlichen Vierers oder Achters ihnen geheimes Grauen einflößten. An einem süddeutschen Gymnasium geschah es, daß ein Schüler, dem die Mitgliedschaft beim Ruderklub seiner Stadt „verboten" worden war, auf einer Regatta zu Mainz einen Preis gewann. Alles erwartete jetzt seine Relegation für diese bootmäßig-unbotmäßige Schandtat, aber der Wind im betreffenden Ministerium für Unterricht hatte umgeschlagen. So wurde der Sünder, statt wegen „Unreife des Charakters" ausgestoßen zu werden, vielmehr als Zierde der Anstalt und als Muster für ihren „sportlichen Geist" bei der Schulprüfung vorgestellt. Seither hat sich Rudern auch unter unsern Studenten immer mehr ausgebreitet, und das wird herrliche Früchte tragen, positiver und negativer Art. Denn zweierlei ist für die frühen Bekenner des Ruderns charakteristisch: erstens die herrliche Modellierung von Schultern und Oberarm, zweitens der fehlende Bauch. Es gibt keinen Sport, der die eminent wichtige Bauchmuskulatur derartig heranzöge und zu einer wirklichen Bauchpresse ausarbeitete, wie das Rudern; das „Abtränierte", das uns an reifen Engländern so wohltuend auffällt, stammt in erster Linie von ihm. Diese jungen Leute haben einen vorzüglichen Appetit und schonen auch das Getränk nicht; aber sie werden nicht korpulent, während bei einem blühenden deutschen Mann dreißig Pfund überschüssigen Fettes fast unerläßlich sind, die natürlich seine Herzkraft entsprechend belasten.

In akademischen Kreisen scheint Hockey, wobei mit umgekehrtem Krückstock ein kleiner Ball am Boden vorwärts getrieben wird und zwei gegnerische Mannschaften ihr Tor verteidigen, Fußball neuerdings zurückzudrängen, da besonders die winterliche Fortsetzung als Eishockey auf den fast allerorts vorhandenen und schnell überfrorenen Tennisplätzen ungemein reizvoll ist. Überhaupt kam dem Wintersport, der in primitiven Formen ja längst bei uns bestand, von Anbeginn ein viel größeres Verständnis in Deutschland entgegen. Wer es einmal erlebt hat, mit welcher herzerquickenden Frische sich eine ganze Stadtbevölkerung dem Rodeln hingibt und rote Backen dabei bekommt, schöpft immer wieder Hoffnung auf bessere Zeiten.

Damit sind wir an einen Punkt gelangt, wo zwei getrennte Wege sich für eine kurze Strecke zusammenfinden, um dann bald aufs neue und für immer auseinanderzulaufen.

Sport und Bier

ARUM eigentlich trinken wir Deutschen so viel? Was hat es mit dem „Durst" auf sich, den wir fortwährend als Entschuldigung anführen? Leben wir im Fieber, bei dem ja Mund und Rachen trocken werden? Nein, aber wir erzeugen uns künstlich etwas Fieberähnliches.

Landleute, die bei ihrer Arbeit wegen zuviel Abgabe von Körperfeuchtigkeit an die Luft, Eindickung des Blutes und Austrocknung der Gewebe bei anstrengenden Sommerarbeiten durstig werden, löschen diesen Durst erfahrungsgemäß erfolgreich durch einen Trunk Wasser, ebenso Soldaten auf dem Marsch. Jäger nehmen sich kalten Tee mit, der gleichfalls großen Ruf gegen wirklichen, physiologischen Durst genießt. Wer nach einer Mahlzeit von übersalzenem fetten Schweinefleisch in den Nachmittagsstunden durstig wird, richtet mit ein paar Schlucken pilsener Bieres freilich noch mehr aus als mit Wasser. Doch der Durst, von dem hier die Rede sein soll, ist überhaupt nicht natürlich, sondern krankhaft. Er entsteht erstens aus einer Anhitzung der Leber durch alkoholische Getränke und zweitens durch einen Nervenhunger, der nur noch mit der Sehnsucht des Morphinisten nach seiner Spritze vergleichbar ist. Wir alle wissen ja, daß viele Biertrinker gar nicht aufschütten, weil sie Durst haben, sondern um Durst zu bekommen. Ich selbst hatte einen Kommilito, dessen größter Kummer es war, daß es ihm „immer erst vom achten Glas ab schmeckte". Also nicht bevor ein bestimmtes Quantum Alkohol in seinen Säften umlief und an den beiden wichtigsten Stellen, in Großhirn und Leber, deponiert war, trat jener Zustand ein, den er „Durst“ nannte. Dessen Stillung mit Bier ist nun freilich raffiniert. Während der Wassergehalt des Getränkes scheinbar jene innere Hitze löscht und beim Schlucken im Schlunde das Gefühl der Stillung erzeugt, facht gleichzeitig der neue Alkohol das Durstgefühl immer wieder an. Diese Zwickmühle ist kräftigen Menschen so reizvoll, daß sie ganze Nächte lang mit ihr spielen.

Indessen hatten unsre Vorväter, wenn sie sich an gegorenen Getränken berauschten, eine ganz andere Triebfeder. Alkohol wirkte verändernd auf ihre geistige Stimmung, und zwar so, daß sie eine gewisse Befangenheit loswurden und mehr aus sich selbst herausgingen. Einer der tiefsten Kenner germanischen Wesens hat das gelegentlich in die Worte gefaßt: dem deutschen Temperament fehle eine halbe Flasche Sekt. Dies ist buchstäblich wahr; sechs französische Studenten plappern bei Erdbeeren und Milch in einer Konditorei doppelt soviel wie zwölf deutsche nach dem vierten Glas Bier. Darum zechten auch die alten Germanen keineswegs ihres Durstes halber, für den sie bessere und einfachere Beschwichtigungsmittel hatten, sondern um sich aufzuregen, um lauter, sorgloser, unternehmender zu werden. Sie hielten diese Stimmung für so wichtig, daß sie, wie Tacitus berichtet, jeden ernsteren Gegenstand auf ihren Versammlungen einmal nüchtern und einmal im Rausch durchnahmen.

Viele dieser Versuche endigten mit Zank, Totschlag und Mord wie heute noch so manche „verlängerte Sitzung“ in Mörchingen oder anderswo. Doch das ist es ja gerade, weshalb getrunken wird: mitzuerleben, was für außerordentliche Dinge geschehen werden, sobald alles voll ist. Der Trunk bedeutet also eine Steigerung des Alltaglebens, eine Erhöhung der Gemütslage über das Normalmaß. Der Trinker vermag durch Alkohol seinen Werktag für ein paar Stunden in Sonntag zu verwandeln. Umgekehrt nehme man zwölf Studenten aus dem Durchschnitt und lasse sie bei Selterswasser Abend für Abend zusammensitzen, sie würden es einfach nicht aushalten vor sträflicher Langweile. Sie haben sich nüchtern wenig oder nichts zu sagen; doch der Wein, wie Schiller schon treffend bemerkte, „plaudert aus". Erst im Rausch passieren die grotesken Zwischenfälle, von denen sich auch andern Morgens noch reden läßt. Darum trinken so viele Studenten, denen das Bier gar nicht besonders schmeckt, und die auch gar keinen „Durst" haben, gleichwohl in der ersten Stunde zehn bis zwölf Glas, um sich selbst auf- und andre durch ihr Beispiel anzuregen. Sind alle Gesichter erhitzt, alle Zungen gewandt, alle Kehlen feucht, dann ist Aussicht auf eine flotte Kneipe.

So stehen wir jetzt an dem Punkt, wo die Wege von Sport und Alkohol sich treffen und eine Weile parallel gehen. Jede frische, muskulöse Jugend hat von jeher einen leidenschaftlichen Trieb nach Steigerung ihrer Daseinsgefühle bewiesen. Kindliches Spiel reicht aus bis zu einer gewissen Grenze. Doch was treiben Primaner und Sekundaner, die sich nicht mehr verstecken, haschen und herumraufen mögen? In England hat man für sie zu sorgen verstanden, in Deutschland schlechterdings nicht. Reichen die Reize der Kommentarpaukerei, der Grammatik-Repetition hin, um eine strotzend sich regende Lebenskraft wohlig zu ermüden? Soll dieses Alltagsgrau genügen? Immer das Nämliche? Nein, die Lehrer bilden sich Schwachheiten ein, wenn sie das glauben. Sind Fußball und Eishockey verboten, existieren garkeine gedeckten Hallen für Lauf und Sprung wie für die sonstigen Freuden der Leichtathletik, so stehen doch immer ein paar Kutscherspelunken offen, durch die man sich heimlich einschleicht. Hier werden bei Bier und Schnaps, beim Absingen von Kommersliedern die Wonnen der Freiheit vom Schulzwang verkostet, die Nerven für das Neue des Universitätslebens zwar abgestumpft, im ganzen aber ähnlich intensive Freuden genossen, wie sie eine anders versorgte Korona bei strammer Muskelaktion an freier Luft im edlen Wettstreit mit einem Gegner spürt. Hier wie dort glühen die Wangen, schlagen die Herzen rascher. Nur daß die Folgen gänzlich verschieden sind. Finden Primaner aus dem stickigen, qualmigen Glast solcher Kleinkneipen mit benommenem Kopf und geschmälerter Energie überhaupt noch ihren Weg durchs Examen zur Hochschule, so pflegen sie dort in ihrem Bekennertum sich erst recht zu befestigen. Aber es wirkt peinlich, diese übernächtigen, im Gesicht und in der unteren Westengegend häufig wie gequollenen jungen Leute zu betrachten. Fast in jedem von ihnen wirkt Bruder Kohol seine üblichen, von der exakten Wissenschaft längst erkannten und beschriebenen Wunder: eine seltsame Überschätzung der eignen Wichtigkeit; einen Verlust des Augenmaßes für die Umgebung und die eigne Stellung in ihr; einen Nachlaß des Pflichtbewußtseins besonders in ökonomischer Hinsicht — „Bummligkeit", wie die Studenten das nennen. Viele von ihnen kommen garnicht einmal mit solchen Instinkten zur Universität; aber in Alkohols Obhut finden sie fast immer den Pfad zu Vergeudung und Verschuldung. Könnte man die Semesterberichte waffenstudentischer Verbindungen vergleichen, man würde fast überall dasselbe Lied heraushören: Klagen über die Notwendigkeit so vieler Ehrenstrafen für Säumigkeit und Lotterigkeit, ohne daß die Herren Studiosi bisher sich herbeigelassen hätten, die gemeinsame pathologische Quelle zu erkennen. Tritt ein junger, unverbrauchter, unverdorbener Fuchs in einen dieser Kreise, so gipfeln die ihm eingeschärften Verhaltungsmaßregeln etwa in folgenden Sätzen: „Du darfst unserm Bunde fortan nur Ehre machen; aber trinken natürlich mußt du kräftigst, sonst ist das Zusammenleben nicht flott genug. Du mußt dich stets und überall taktvoll betragen, aber vorher trinken, trinken. Du mußt immer äußerst exakt in Geldsachen sein, aber trinken, trinken, trinken; sehr tüchtig und leistungsfähig auf Mensur, aber trinken, trinken, trinken, trinken, jeden Abend und womöglich auch jeden Vormittag schon." Man wäre wirklich manchmal versucht, das Stichwort eines alten Volksliedes: „Lauf', Jäger, lauf', lieber guter Jäger, lauf', lauf', lauf'!" in einen allbekannten, ähnlich klingenden Studentenausdruck zu übertragen.

Viele halten das durch, ohne inneren Schaden; sie waren nicht umzubringen. Andre sprechen: „Bin ich ein Sklave meines Körpers? Mag er doch herhalten; ich verlange mein gerütteltes Freudenmaß. Nichts Verkümmerteres und Faderes als ein Hypochonder, der ausschließlich seiner Gesundheit zu leben glaubt und ewig in Angst ist." Diese Stolzen tragen auch die Entartung ihrer Organe nachher oft mit vieler Fassung. Noch andre kommen zu sich, nachdem ein gründlicher, körperlicher oder finanzieller Zusammenbruch ihnen die Relativität ihrer größenwahnsinnigen, alkoholischen Grundsätze nachgewiesen hatte. Was jedoch schlimmer ist als diese persönlichen Benachteiligungen einer an Zahl immerhin beschränkten Klasse — denn mehr als hunderttausend examinierte Akademiker dürfte es kaum in Deutschland geben — ist das böse Beispiel für die tieferen Schichten und seine Verherrlichung in populären Gesängen. Die Freuden die der Trunk überhaupt zu bieten vermag, wird jeder neidlos den armen geplagten Erdenpilgern gönnen, die nach schwerer Arbeit ein Stündchen der Entspannung suchen. Nur daß diese Freuden prinzipiell als die deutscheren, erhabneren, zur Verächtlichmachung sportlicher Betätigung benutzt, in Liedern gefeiert, zu bewußter Unhygiene stierköpfig bevorzugt werden, das ist das Traurige an der Sache.

Jetzt hör' ich wohl den Einwand: „Haben wir nicht unsre Militärdienstzeit? Wiegt sie nicht alles auf, was andre Nationen zur Leibeskultur erfunden haben?“ Gewiß, die Militärdienstzeit ist etwas Grandioses, ohne sie würde der Deutsche heute vielleicht nur noch die Hälfte von dem wert sein, was er tatsächlich ist. Aber erstens dienen nicht alle: und zweitens die andern doch auch nur vorübergehend; und drittens stellen unsre Biergewohnheiten den ganzen Segen schnell genug wieder in Frage. Tatsächlich sind weder unser Turnen, noch unsre allgemeine Dienstpflicht, die beide wir seit etwa hundert Jahren haben, imstande gewesen, zu verhindern, daß der Deutsche der Oberklassen als Typus in der ganzen Welt für bebrillt, fettbäuchig und bierherzig gilt. Der Engländer aber hat ein Dienstjahr gar nicht nötig, weil ein von seiner Oberklasse heilig gehaltenes, systematisch gepflegtes hygienisches Ideal sich durch Beispiel bis in die tiefsten Ränge der dortigen Gesellschaft durchgesetzt hat und sportliche Freuden — im Gegensatz zu Deutschland — für vorzüglicher als alkoholische ansehen läßt.

Studentisches Fechten und Lawn-Tennis

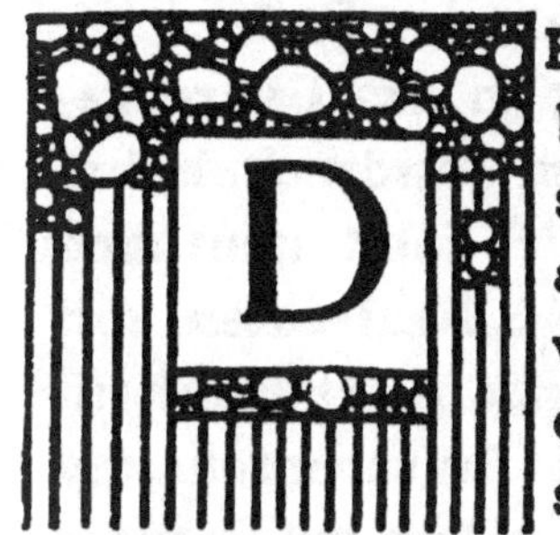

ER AUSDRUCK „Waffenstudenten“ ist bereits gefallen. Da vibriert eine bestimmte Saite des deutschen Wesens. Die alte germanische Schlachtenfreudigkeit will den Gegenstand poetisch verklären; es klingen nicht mehr die Gläser allein, sondern auch die Schläger. Sollte der Fechtboden nicht ein auskömmliches Vorbeugungsmittel gegen die Verheerungen des Trunkes bilden?

Ganz gewiß bildet er das Wertvollste, das wir auf dem Gebiete haben. Ob es ausreicht, wollen wir sogleich untersuchen. Es nimmt hier einer das Wort, der etwas tiefer in diese Mysterien eingedrungen war, als unbedingt nötig. Darum braucht man keinen Mangel an Liebe zu vermuten, wenn er zweifelnd frägt:

Ist unser studentisches Hiebfechten überhaupt ein Sport? Es trägt einige Züge von ihm, durch andre widerspricht es ihm fundamental. Wir wollen nicht gerade diesen Widerspruch herauskehren, da die jungen Leute so froh sind, wenn sie von den Behörden nicht gar zu sehr verfolgt und drangsaliert werden. Freuen wir uns mit ihnen, wenn die Toleranz der Gerichte zugenommen hat und nicht einzelne, die für das ganze Wesen persönlich ja gar nichts können, wenn „abgefaßt“, zu schwerer Freiheitsberaubung verurteilt werden. Indessen gibt es keinen einzigen Sport, dessen ausgesprochener Zweck es wäre, den Gegner am Leibe zu verletzen, wie die sog. „Mensur“. Darum kann die Mensur, selbst wenn sie Sommers an freier Luft stattfindet, unmöglich Sport sein. Sie ist und bleibt etwas andres.

Zum zweiten ging unserm Fechten mehr und mehr der sportliche Trieb nach technischer Vollendung verloren. Gutes „Stehen", nicht gutes Schlagen ist überall das Endziel geworden. Dadurch ist ein fakirhafter Zug in das Ganze gekommen — ein stoischer, wenn man den Ausdruck höher nehmen will; an das japanische Harakiri fühlt man sich erinnert. Aber es gibt kein öffentliches Schaufechten mit Preisen; der wirkliche deutsche Meister wird nicht ermittelt. Die beiden Hauptlager der Korps und Burschenschaften stehen fast überall seit bald einem Jahrhundert miteinander im Verruf, d. h. treten sich überhaupt zur Mensur nirgend gegenüber. Man stelle sich vor, daß Oxford und Cambridge plötzlich nicht mehr wettrudern wollten.

Es fehlt unserm Hiebfechten ferner die Differenzierung, da jeder, der einer Waffenverbindung beitritt, „losgehen" muß, ob er etwas kann oder nicht. Der ganze Betrieb ist also durch Mangel an Auslese mit einem trostlosen Dilettantentum der „Stopsler" und „Korxer" belastet. Es fehlt endlich auch das A und O jedes Sports: eine zweckentsprechende, der kommenden Leistung förderliche Haltung. Wer zufällig weiß, welche Opfer an Entsagung Ruderer oft für lange Wochen der Mannschaft abverlangen, die den Klub auf einer Regatta vertreten soll, wird mich verstehen. Es kehrt hier jener Schlußreim wieder, den ich in gesellschaftlicher und ökonomischer Beziehung im vorigen Kapitel bereits angab. Der einzelne soll enorm „stramm" sein und schon auf dem Übungsboden sich auszeichnen; doch systematisch wird ihm das Gift eingeflößt, das die Exaktheit von Hand und Auge mindert, sein Herz schwächt, seine Ausdauer untergräbt; so wird er nachher auch zur Mensur hinausgestellt. Gerade die Mensur aber, trotz dem Antrieb, den sie zweifellos gibt, hindert oft wieder die fechterische Ausbildung, da manche Studenten im zweiten und dritten Semester, insonderheit bei schwachen Verbindungen, immerzu „im Korb liegen“, kaum ausgeheilt sofort antreten müssen und zum rechten Üben auf dem Hauboden gar nicht mehr Gelegenheit finden.

Die jungen Leute selbst wissen viel zu erzählen von den eminenten Vorteilen für die „Charaktererziehung“, die das Waffenstudententum mit sich bringt, als ob die dreitausend jeweils Farbentragenden und Paukenden das Salz der deutschen Erde seien, aus ihrem flotten Losgehen aller Mut und all die enorme Charakterstärke herrühren, von der das deutsche Leben überquillt. Der Unbefangene meint umgekehrt, daß die Studenten sich lediglich deshalb mutig zeigen, weil sie mit Millionen anderer Deutscher gewisse germanische Instinkte gemeinsam haben. Auf den Schreiber dieser Zeilen machte es den tiefsten Eindruck, als er im neunten Semester einem Kartellfreund zu sekundieren hatte, dem sein Gegner, ein schlichter unbefärbter Theologe, in der allerbesten Fassung und Selbstverständlichkeit durch den Überzieher schoß. Es war also ganz ernst gezielt gewesen. Und hinterm Berge wohnen auch noch Leute.

Bei der Erstarrung, der das inkorporierte Studententum schon wegen zunehmender Kapitalkraft und Geschicklichkeit der Organisation, überall in Steinhäusern und Gesellschaften m. b. H. festgelegt, zu verfallen droht, ist wenig Aussicht vorhanden, daß auf dem Wege der Überredung sich viel ändern ließe. Von gewissen zielstrebigen Versuchen sportlicher Ableitung, der Bodenentziehung für Freund Alkohol, soll im elften Kapitel noch die Rede sein. Indessen ist im Lawn-Tennis ein Spiel aufgekommen, das alle Vorzüge des verhängten Fechtens ohne dessen Nachteile mit allen Vorzügen echten Freiluftsports vereinigt. Nicht nur gleichen die einzelnen Schläge einander auf ein Haar, das hohe „Servieren“ der Terz, der Schmetterball (smash) der hohen Quart, der Vorhänder der horizontalen, der Triebschlag (drive) der Tiefquart, der Rückhänder der tiefen Terz; sondern man findet im Tennisturnier, zumal bei Schlußkämpfen um irgendeine Meisterschaft, alle jene Eigenheiten wieder, die bei der Mensur bestenfalls hervortreten. Denn wie es tatsächlich, ungeachtet aller Wunden, doch weder der Schmerz noch eine unmittelbare Lebensgefahr ist, was an den Paukanten die höchste Anforderung stellt, sondern vor allem ein Nachlaß der Kraft infolge von Blutverlust und Übermüdung des (noch dazu durch Bier geschwächten) Herzens; wie gar mancher Mensurhengst wirklich gleich einem „ausgerittenen“ Gaul durchs Ziel geht, nur mit äußerstem Aufgebot aller Energie die Kommandos: „Zur letzten Minute!“ und „Zum letzten Gang!“ ausdauert; ebenso sieht man im letzten Satz eines spannenden Endkampfes oft einen völlig erschöpften Tennismann nur durch den festen Vorsatz: eher umzufallen als aufzugeben, nur durch seine „grim decision“, wie es von H. L. Doherty einmal hieß, den Sieg noch an sich reißen.

Ich weiß gut genug, daß so, wie ich die Dinge hier zeige, die deutsche Gesellschaft im allgemeinen sie nicht sieht. Von den heute nach Zehntausenden zählenden Damen, die unsre Tennisplätze beschwärmen, sind es alles in allem vielleicht fünfzig bis hundert, die mehr als eine Zerstreuung suchen, Eifer zur Vervollkommnung, Interesse für Leistungen an den Tag legen. Von den Männern aber sind es Tausende, insonderheit Akademiker, die hier das liebgewordene verhängte Hiebfechten, das aus naheliegenden Gründen fast keinen seiner Verehrer ins bürgerliche Leben begleitet, in erneuter und verschönter Form wiederfinden. Denn sicher hat das Zuschlagen von oben dem germanischen Bedürfnis von Anbeginn ebenso entsprochen wie das Stoßfechten dem französischen. In Frankreichs Städten sind heute Stoßfechtböden so häufig wie bei uns Tennisplätze. Erzengel Michael dagegen, der alte deutsche Schlagetot, führt kein Florett.

Da der bei uns nächst dem Radeln meist verbreitete Sport zugleich der am scheelsten angesehene und bestverleumdete ist, seien über seine Naturgeschichte die wichtigsten Daten in aller Kürze hier eingetragen.

Tennis stammt nicht aus England, sondern vom Kontinent. Seine Urzelle ist wahrscheinlich das französische „jeu de paume“, wobei ein Ball mit der flachen Hand gestoßen, die Handfläche später mit schwingenden Saiten bespannt, diese Saiten schließlich in einem Holzrahmen aufgezogen wurden, bis der Schläger fertig war. Bald lernten die beiden Parteien zwischen sich ein Netz ziehen; das Spiel ward im gesamten zivilisierten Europa sommers und winters betrieben, demgemäß in festen Häusern. Schon bei Shakespeare scherzt Prinz Heinz mit Poins, daß dieser den tenniscourt wegen Ebbe im Leinenzeug meide („keepest not racket there“); auch wird ein Pächter oder Platzwart (court-keeper) von Heinz erwähnt. Aus dem Jahre 1608 wieder ist ein hübscher Kupferstich auf uns gekommen, der straßburger Studenten im Viererspiel zeigt. Ein niedrig gespanntes Netz trennt die beiden Parteien ganz wie heute; ein Topf mit Tennisbällen steht am Boden; der eine der Spieler hebt zu einem Rückhänder aus mit einem Schläger, der von den heutigen keine wesentlichen Unterschiede zeigt, außer einem etwas kürzeren Stiel. Das, was die zwei Längslinien an den

Seiten der Spielfelder heute als anderthalb Meter breite „Galerie“ markieren, war ehedem ein Logenraum, in welchem Zuschauer saßen. Das Spiel hatte auch sonst noch gewisse Eigenheiten, die wir heute nicht mehr ganz durchschauen (z. B. gab es gewisse Glückslöcher in den Wänden), gehörte bis zur Puritanerzeit zu den liebsten Erquickungen der wohlhabenderen Stände, und ein anderer Prinz Heinrich, der hochbegabte Sohn und Widerpart Jakobs I. von England, erkältete sich (1612) dadurch, daß er, kaum von einem typhösen Fieber erstanden, durch das Spiel erhitzt mit anklatschendem Hemd aus dem gedeckten Raum an die kalte Luft hinaustrat, und starb an den Folgen. In Deutschland hat dann der Dreißigjährige Krieg mit diesen „Ballhäusern“, die es überall gab, und von denen sogar noch Reste hier und da in Süddeutschland zu sehen sind, aufgeräumt. Sie haben sich meistens in Wirtshäuser umgewandelt; zu Tübingen, zu Mannheim hab' ich in solchen verkehrt. Doch was gemeint war, ersieht man u. a. aus dem Plan der heidelberger Schloßruine, wo eine bestimmte Lokalität heute noch als das „Ballenhaus“ verzeichnet steht; denn der Pfälzer sagt nicht „die Bälle“, sondern „die Ballen“. Ebenso war das Ballhaus, in welchem 1789 der tiers-état schwor, nicht auseinanderzugehen, bis Frankreich eine Verfassung habe, keine Räumlichkeit, in welcher getanzt wurde, sondern ein Haus zum Ballschlagen.

Wer das frappierende Bild jener straßburger Studenten aus dem Jahre 1608 mit eigenen Augen gesehen hat, kann es nur mitleidig belächeln, wenn unserer tennisspielenden Jugend heute „Nachäffung des Fremden“ vorgeworfen wird, sobald sie ein Racket in die Hand nimmt. Da der sportliche Genius der Deutschen durch Verarmung, Unkultur und

Nachlässigkeit gänzlich zusammengebrochen war, sollten wir dem Schicksal vielmehr danken, daß es uns die Briten als Lehrmeister schenkte. Es war ein Major der englisch-ostindischen Armee mit Namen Wingfield, der zu Anfang der siebziger Jahre des vorigen Jahrhunderts auf den glänzenden Gedanken kam, jenes uralte Spiel, das als „real tennis" heute noch in England verbreitet ist und sogar regelmäßige Turniere hält, aus den geschlossenen Räumen an die freie Luft auf den grünen Rasen binaus zu verlegen. Netz, Schläger und Bälle wurden mitgenommen, Grundlinien gezogen, die Galerie nur fürs Doppel- (oder Vierer-) spiel offen gelassen. Dies neue „Lawn-tennis" verbreitete sich unter den gebildeten Schichten Englands nun mit solcher Schnelligkeit, daß nach einigen wesentlichen Verbesserungen, zumal am Netz, schon 1877 zu Wimbledon das erste Meisterschaftsturnier abgehalten, 1879 die Spielregeln und Maße von Marshall kodifiziert werden konnten. Jetzt begann sein Siegeszug nach Amerika, nach den Kolonien und über den ganzen Kontinent.

Bei uns in Deutschland wurde Lawn-Tennis am frühesten dort gepflegt, wo alt eingelebte Beziehungen mit der englischen Welt bestanden, in Hamburg vor allem, dann in Berlin, in Wiesbaden, Heidelberg, Freiburg usw. Heidelberg hielt in diesem Sommer schon sein vierzehntes internationales Jahresturnier, und welchem Sportsmann ginge bei dem bloßen Namen Turnier das Herz nicht auf? Die Emsigkeit eines Ameisenhaufens mit dem Glanz einer antiken Arena und den Freuden des Weihnachtsfestes! Fortwährend gibt es Überraschungen, den Siegern glitzert ein Tisch, mit allerlei Geschmeide beladen, entgegen; die schönen Damen aber geben frei nach Goethe sich und ihren Putz zum besten. Keine Stadt, die etwas auf sich hält, ermangelt heut eines

Tennisplatzes; er gehört zur Hygiene wie Wasserleitung, Schlachthof und Kanalisation. Aber man glaube nicht, daß dieser Triumph über schlechte Sitten mühelos errungen worden sei. Wer zufällig einen Einblick darin getan hat, wie fest der Klüngel des Schankgewerbes, Gastwirte, Bierbrauer, Weinproduzenten, Schnaps-, Schaumwein-, Zigarrenfabrikanten, Metzger und Bäcker, Tischler, Installateure, Billardhändler und was sonst irgendwie vom „Durst" profitieren will, zusammenhält, wie solche Herren Stadtväter sich gegenseitig in die Hände arbeiten, weiß von dem fanatischen Widerstand, der hier schon zu überwinden war, ein Lied zu singen. „Uns die Jugend!" klingt es höchst energisch aus diesen Reihen. Ein kneipender Tertianer war und bleibt in den Augen jener Patriarchen zehnmal soviel wert wie ein Fußball spielender Handlungsgehilfe. Und was nützt ein Durst, der mit Zitronensaft und Wasser gestillt wird? Daher knurrte jener mürrische Bürgermeister in Süddeutschland, als er vorhandenes unbenutztes Gelände verweigerte: „Wir sin iewerhaapt kei Frrreind von denne Schbiel". Was hat es alles geholfen? Es kam dennoch der gute Geist und führte die deutsche Jugend an seiner Hand aus muffigen Räumen unter Gottes freien Himmel.

Es ist richtig: die nationale Bedeutung des englischen Kricket kann unser Lawn-Tennis nie gewinnen, da es wegen seiner beträchtlichen Unkosten stets nur ein Gemeingut der bemittelteren Klassen bleiben wird. Aber der Segen, den es hier stiftet, ist gewaltig. Er bildet einen Anfang, einen Umschwung; bedeutet etwas dort, wo früher garnichts war. Die Gärten im Innern unserer Städte sind mehr und mehr von der Häuserspekulation aufgesogen worden; das Gebiet vor den Toren, wo früher die Jugend sich tummelte, ist mit qualmenden Schlöten und Arbeiterquartieren bedeckt, dazu die alte produktive deutsche Häuslichkeit, eine vielgestaltige Kleinfabrikation, unsern Mädchen wie unter den Füßen fortgesunken; es wird heut alles im Laden gekauft. Was sollten die Ärmsten treiben, denen nicht einmal die kümmerliche Zuflucht unserer Schüler in die Kneipen offen stand? Immer nur mit gesenktem Kopf sticken, häkeln, zeichnen, lesen? Oder herumschleichen und klatschen? Dort aber, wo wirklich in größeren Haupt- oder Industriestädten verstreut ein Dutzend privater Tennisplätze entstanden war, repräsentierten diese auch zwölf — man lache nicht — verschiedene „Stände". Ihre exklusiven Versammlungen waren vielfach nichts weiter als eine moderne Form des früheren Tees. Man muß das Aufleuchten in dankbaren jungen Gesichtern miterlebt haben, sobald ein gemeinsamer Klub endlich die zwölf Stämme Israel vereinigt hatte, sportlicher Trieb und Zug in die Sache kam, technische Vervollkommnung mit all ihren Reizen und Genugtuungen möglich wurde. Wir hatten ehedem unsere Frauen so gestellt, daß eigentlich jede, die sich öffentlich bewegen sollte, vor Befangenheit schamrot wurde. Die Parole hieß für die verheirateten: „Mit dem Manne!" für die unverheirateten: „Mit der Mama!" Jetzt belausche man den freien, kameradschaftlichen, ungezwungenen Verkehr zwischen jungen Leutchen beiderlei Geschlechts auf großen Tennisplätzen, und man wird ohne weiteres den gesunden Fortschritt zugeben.

Wie steht es mit den Leistungen? Die konnten natürlich zunächst nicht erster Klasse sein. Fast zwei Jahrzehnte hindurch brauchten Engländer auf deutschen Turnieren nur anzutreten, um sie auch zu beherrschen. Ganze Wagenladungen von Gold- und Silberzeug sind als deutsche Turnierpreise über den Ärmelkanal gegangen. Zu Homburg vor der Höhe, wo sich im August die englischen „cracks“ ein Stelldichein auf dem Kontinent zu geben pflegten, erschienen sie uns als unerreichbare Muster von Geschwindigkeit, Geschick und vor allem Ausdauer (staying). Unsere Leute machten zuweilen wohl glänzende Schläge, doch weder war ihre Technik ausgeglichen, noch ihre Taktik gewandt genug. Sie wurden an kritischen Punkten unsicher, zappelig und versagten. Es zeigte sich mehr und mehr, daß echtes Tennis keine bloße Handfertigkeitsprobe, sondern vor allem ein Kopfspiel sei, ganz wesentlich auf richtiger Einschätzung des Gegners, dem Erkennen und Ausnutzen seiner Schwächen, der schnellen Wahl unter verschiedenen Möglichkeiten beruhend. Die an der freien Luft gestählteren Briten siegten, weil sie zugleich härter, schneller von Entschluß, unbeugsamer und kaltblütiger zu sein schienen. Zwar hatten wir schon vor zehn Jahren einen Großmeister, den mecklenburgischen Grafen Voß, der auch drüben auf dem grünen Rasen gegen Gore seinen Mann stand; unter dem Nachwuchs zeigte manch einer vortreffliche Anlagen. Doch wie oft haben Militärzeit und späte Kontorstunden eine hoffnungsvolle Laufbahn abgeknickt! Das deutsche Berufsleben, die deutsche Zeiteinteilung sind an sich sportlichen Leistungen ungünstig. Man mag darüber streiten, ob jene zahlreichen „gentlemen of pleasure“, die sportliche Betätigung zum Selbstzweck machen, unserer Kultur überhaupt zu wünschen seien oder nicht; aber so viel ist gewiß, daß ihr Vorhandensein den Engländern lange Zeit eine glatte Überlegenheit sicherte. Wir mußten es erdulden, daß der deutsche Meisterschaftstitel, nachdem er ein paarmal vom Grafen Voß (in Hamburg) errungen worden war, zehn Jahre hindurch von Ausländern getragen, einmal vom Franzosen

Max Decugis nach Paris entführt wurde. Hierin hat erst Otto Froitzheim, Referendar in Straßburg, im August 1907 Wandel geschaffen durch seinen Sieg über den Engländer Ritchie. Mit ihm ist eine jüngere Generation in den Vordergrund getreten, die Aussichten hat, sich ihren Weg in die englische erste Klasse zu erzwingen, Oskar Kreuzer und v. Bissing aus Frankfurt, Heini Schomburgk aus Leipzig, Rahe aus Rostock und andere. Von der alten berliner Garde hat sich Otto v. Müller am vielseitigsten und gewandtesten erwiesen. Aber wie charakteristisch für unsere Verhältnisse, daß das Offizierturnier in Homburg vor der Höhe alljährlich nur zwanzig bis dreißig Spieler versammelt, etwa einen auf tausend.

Von den Damen macht unsrer graziösen Meisterin, der Gräfin Schulenburg-Angern, immer noch keine die Palme streitig. Dicht hinter ihr jedoch rangieren Fräulein v. Krohn aus Freiburg i. Br., Fräulein Bergmann aus Frankfurt, Frau Dr. Neresheimer aus München und erwerben sich den Ruhm, im besten Sinn für unsere Backfische vorbildlich zu wirken.

Sport und Kleiderreform

SCHON der heilige Augustinus pflegte zu sagen: daß man etwas nicht sehe, sei kein Beweis gegen dessen Vorhandensein. Dies Wort gilt heute noch für die Ausdünstungen unsrer Menschenhaut. Bei kräftigen nackt gehenden Völkern findet diese Ausdünstung ununterbrochen statt und reinigt den Körper von vielen Selbstgiften; sie bleiben frei von Schwindsucht, frei von Erkältungen in unserm

Sinne. Umgekehrt fallen manche wilden Rassen der Tuberkulose zum Opfer, sobald sie gleich den Patagoniern von den Missionaren bekleidet oder gleich den westgrönländischen Eskimos dazu angehalten werden, ihre bekömmlichen Luftbäder im Zelt als „unsittlich" aufzugeben. Aber da man unsre Ausdünstung nicht sieht, bilden viele sich ein, sie sei unerheblich, und begreifen ihre Wichtigkeit selbst da nicht, wo sie so kräftig ist, daß man sie riechen kann.

Wie grausam sind nun unsere Mütter, die ihren Kleinen von Geburt an systematisch durch Abschnürung von der Luft die Haut ruinieren, unter dem Vorgeben, sie vor Erkältung zu schützen! Die Menschenhaut ist außerordentlich leistungsfähig, sobald sie auf sich selbst gestellt wird. Aber wo geschieht das? Der Mitteleuropäer im allgemeinen ahnt garnicht mehr, was er sich mit seiner Bekleidung antut; er lebt in der fixen Idee, daß auch in der besten Jahreszeit unsere Haut fest umpanzert sein müsse. Sogar die ehedem freie Seemannsbrust ist auf das Betreiben alberner Prüden als unanständig zugeschnürt worden. Wo sieht man heute noch nackte Arme bei Dienstmädchen? Wo freie Schultern außer auf Bällen? Das tiefe Dekolletieren ist aber die gesündeste Tracht beim Tanz; der aufgestürmte Stoffwechsel weiß nun, wohin mit seinem Unsegen; die Ausdünstung bleibt nicht im Körper zurück, da man ihr oben ein so weites Tor offen ließ.

Umgekehrt erweckt schon der Gedanke, eine kleine Anhöhe bei sommerlicher Glut im dicken, undurchlässigen Pelz erklimmen zu sollen, Unlustgefühl in uns. Der nackte Mensch nimmt sie bei 20° R + im Laufschritt; wir fühlen, ja wissen aus Erfahrung, daß wir, zu dick angetan, auf halber Höhe hitzgeschlagen zusammenbrechen oder bestenfalls mit klebrigem Schweiß bedeckt, keuchend und mit jagenden Pulsen oben anlangen würden. Was bedeutet das?

Es bedeutet, daß man in manchen Beziehungen unsre Gewohnheiten höchstens noch Stumpfsinn nennen kann. Unsere Klagen über unerträgliche Hitze wären so leicht zu beheben! Warum schaffen die Hafenarbeiter in Genua mit nacktem Oberkörper, und warum bepanzern sich an warmen Sommertagen in Werkstätten und Fabrikräumen, wo sie ganz unter sich sind, unsere Arbeiter Brust und Rücken? Sie keuchen, sie schwitzen, sie dürsten; aber sie finden die Ursache nicht heraus, wissen keine andere Abhilfe, als von innen her aufzuschütten. Unsre Rockärmel sind wohl das unnützeste Möbel, das jemals erfunden wurde. Die römischen Kaiser waren zum Teil sehr feine Leute; aber man betrachte Gilberts Illustrationen zu Shakespeare; Cäsar sowohl wie Brutus, Mark Anton wie Augustus tragen ihre Arme nackt, ohne dadurch im allermindesten an Vornehmheit einzubüßen. Die hitzenden, scheuernden Hosen sind geradezu ungesund und gemeingefährlich. Das wußte schon ein gewisser Dr. Faust, der zur Lutherzeit in Süddeutschland umging.

Kurz und gut: die Kleiderreform ist nicht sowohl eine Bekleidungs-, als vielmehr eine Entkleidungsfrage. Und was hat nun der Sport mit ihr zu schaffen? Der Sport war, bis ihm die Hygiene von andrer Seite her mit Einrichtung von Luftbädern zu Hilfe kam, der einzige tätige und erfolgreiche Reformator auf diesem Gebiete. Seine Forderungen waren zwingend, weil ohne ihre Bewilligung die sportliche Funktion zur Unmöglichkeit oder doch so behindert wurde, daß sie jeden Wert verlor. Solange junge Damen nur einen Muskel übten: die Zunge, reichten zum Herumschlendern auf Promenaden und Sitzen an Kaffeetischen lange Schleppkleider und schnürende Stahlkorsetts völlig hin. Sobald sie sich genötigt sahen, beim Tennisspiel von der Grundlinie zum Netz vorzulaufen, wurden lange Kleider zum groben Unfug, wurden elastische Leibchen eine Wohltat. Der Sport säbelte Schleppen ab und warf pariser Korsetts zum alten Gerümpel, haufenweise.

Mancher entsinnt sich gewiß noch jenes Bildchens von Caspari, wo sich ein schlankes hübsches Mädel zum erstenmal in ihren schicken Radpumphöschen und Wadenstrümpfen bei Verwandten präsentiert. Der kleine Neffe schreit begeistert: „Hurra, die Tante hat Beine!“ Die verheiratete Schwester springt zornig erschrocken vom Sofa auf, der Schwager blickt schmunzelnd über seine Brille nach dem liebenswürdigen Phänomen; die Schöne selbst schaut verlegen drein, und doch auch mit einem gewissen Trotz, ungefähr so, wie deutsche Frauen die letzten zwanzig Jahre hindurch zu blicken pflegten, wenn sie etwas taten oder sagten, was ganz natürlich und ihr gutes Recht, aber von der geltenden Sitte noch nicht auf Stempelbögen erlaubt und bestätigt war. Eine ganze Reihe ähnlicher Wunder verdanken wir dem Retter, dem dies Büchlein gewidmet ist. Als das Zweirad bei uns in Aufnahme gekommen war, wagten nicht nur deutsche Frauen, Beine zu haben und zu zeigen, sondern auch Männer zum Entsetzen aller Prüden den Beweis zu liefern, daß ihre Oberschenkel mit Menschenhaut bezogen seien statt mit Hosen, wie man sich angewöhnt hatte zu glauben. Nachdem auf großen Radrennbahnen das erste Grauen überwunden war, würde heut weit eher ein Rennfahrer für verrückt gehalten werden, der anders als mit nackten Armen und Beinen arbeiten wollte.

Auf englischen Sportfesten sieht man auch alle Leichtathletik in ähnlichem Kostüm betreiben. Im Frühjahr und Herbst an kühleren Tagen setzen sich junge Leute nach dem Sprung mitten unter feingeputzten Damen auf den Boden und massieren sich ihre nackten Waden, um nicht steif zu werden. Niemand wundert sich eine Sekunde lang; alle wissen, es ist rationell. Welch ein ganz unnützer, der Leistung hinderlicher Fetzen war demgegenüber die lange deutsche Turnhose! Der Sport hat sie für Sprung und Wettlauf, auch fürs Turnen selbst, überall beseitigt.

Ebenso irrationell war leider die deutsche Manier, zum Tennis in hohen Stehkragen anzutreten. Hier merkte man die Zurückgebliebenheit, zeigte die Mode ihre Krallen. Kein englischer Sportsmann tat dergleichen; denn was der wirkliche Sport einmal als dienlich erkannt hatte, wie den offenen Hals beim Tennisspiel, das hält er fest. Ein Jahr in kurzen, ein Jahr in langen Kleidern zu springen, überläßt er den Sklavinnen jener Götzin. Es ist aber schon ungeheuer viel erreicht, wenn große Zuschauermengen von den Sportfeldern das Bild rationeller Entkleidung mit nach Hause nehmen.

Das Freiluft-, Licht- und Sportbad, das bei Berlin ein paar Jahre lang offen stand, ist charakteristischerweise aus Mangel genügender Unterstützung wieder eingegangen. Dort wurde, wie bei militärischen Musterungen, wieder auf den ganzen Mann gesehen, wurden für gute männliche Form Preise verteilt. Die Wonne, von lästiger Kleidung unbeschwert, mit gedoppelter Herz- und Lungenkraft üben zu dürfen, ist so nun wieder zu einer bloßen Sehnsucht geworden. Freilich, wenn ein Volk erst einmal so tief sank, daß die Mehrzahl seiner Mitglieder durch welke Muskeln, schiefe Haltung, Hängebauch und finnige Haut, wie sie bei verhinderter Ausdünstung, mangelnder Gewebsreinigung entsteht, in nacktem Zustande nur Ekel erregen würde, müßte man komplette Überkleidung als ein Zeichen von Rücksicht mit Freuden begrüßen. Aber sind wir denn in Deutschland wirklich schon so weit? Ich denke nicht. Und vieles könnte noch besser werden, sobald unsre Schulmänner sich wieder der wahren Bedeutung des gedankenlos angewandten Wortes Gymnasium erinnern wollten. Hieß doch „gymnos“ im Griechischen „nackt“, sah man in den Gymnasien Männer und Jünglinge, wie es sich gehört, unbekleidet außer mit etwas Öl, ihren Übungen und Wettkämpfen obliegen. Bildhauer schauten ihnen prüfend und begeistert zu, bis Lysipp von den Formen, die da unten in heftiger Bewegung sich abstießen und umschlangen, den griechischen Schönheitskanon ableitete, dessen herrliches Ebenmaß uns heute noch entzückt.

Olympische Spiele

GEGEN Ende des vorigen Jahrhunderts trat aus französischen Sportkreisen der Gedanke hervor, die altgriechischen Wettkämpfe von Olympia in modernisierter Form wieder aufleben zu lassen. Die Idee fand Anklang. Im Jahre 1896 bereits wurden zu Athen die ersten olympischen Spiele gefeiert, bei noch recht schwacher Beteiligung. Der Hamburger F. A. Traun (er ist dieser Tage leider gestorben) fuhr dazumal als Student aus reiner Passion hinüber, um im Wettlauf zu konkurrieren. Hier ging er zwar leer aus, gewann aber nebenbei einen zweiten Preis im Lawn-Tennis, da starke Gegner fehlten. Für den Marathonlauf (über 42 km) wurde mit Sicherheit auf einen

Einheimischen gerechnet. Wieder sollte wie am Tage jenes denkwürdigen Sieges vom Schlachtfeld aus der Lauf beginnen; doch war den Griechensöhnen bisher kein Siegeskranz beschieden. Gern schlachteten die attischen Bauern in ihrer gastlichen Herzensfreude dem Favoriten und Landsmann ein Ziegenböcklein, gaben ihm auch viel aus dicken Schläuchen zu trinken; was Wunder, wenn ihn anderen Morgens dann ein Norweger weit hinter sich ließ. Im Jahre 1896 ging es wenigstens ohne schweren Unfall ab, obwohl gerade über dieser Konkurrenz ein Unstern schwebte, der besser nie wieder heraufbeschworen worden wäre. Der Läufer Pheidippides nämlich, der (490 v. Chr.) die frohe Botschaft von Marathon nach der Stadt brachte, konnte gerade nur noch „Nike!“ rufen und brach dann auf der Agora tot zusammen. Soll das etwa vorbildlich sein?

Die nächsten Spiele waren 1900 zu Paris, 1904 auf der Ausstellung zu St. Louis. Beidemal merkte man, daß Engländer und Amerikaner sich so ziemlich in den Lorbeer teilten, die Deutschen, ebenso die anderen Nationen froh sein mußten, wenn sie ein paar Zufallsblättchen erwischten. Die Engländer zeigten sich überlegen in jedem Bewerbe, der große Ausdauer verlangte, also bei den Konkurrenzen über längere Strecken, sei es Laufen oder Schwimmen; die Amerikaner wiederum glänzten in der Athletik.

Den Gipfelpunkt der altgriechischen Leibeszucht bildete bekanntlich der Fünfkampf (Pentathlon). Er umfaßte Weitsprung, Speerwurf, Wettlauf, Diskuswurf und Ringen. Zum Weitsprung wurden alle Bewerber zugelassen, zum Speerwurf nur solche, die das Normalmaß im Springen erreicht hatten, im Wettlauf stritten nur noch die vier besten Speerwerfer; nach ihm schied einer aus; beim folgenden

Diskuswurf noch einer. Die beiden übrigbleibenden rangen in der Schlußrunde um den Preis.

Diskus- und Speerwurf sind zwar aus dem alten Pentathlon herübergenommen, aber seine auf harmonische Ausbildung des ganzen Menschen gerichtete Tendenz verlassen worden. Die modernen olympischen Kämpfe stehen wie leider unsere Gesamtbildung im Zeichen des Spezialistentums. Eine verwirrende Buntscheckigkeit der Spielarten, dazu die Differenzierung über kurze und lange Strecken, mit und ohne Hindernis, geben freilich jeder Nationalität bessere Aussicht auf irgend einen Gewinn.

So sah man mit äußerster Spannung den diesjährigen Ereignissen entgegen, die sich zu London im Juli abwickeln sollten. Nicht mehr wie früher wollten wir Deutschen uns durchweg mit Zufallsmannschaften begnügen. Die Auslese der Besten wurde wenigstens vonseiten des Lawn-Tennisbundes mit Sorgfalt und Bedacht vorgenommen, auch die nötigen Mittel standen zur Verfügung; ebenso ging eine deutsche Musterriege hinüber, die leider bald zum großen Turnfest mit Bier nach Frankfurt a. M. abschwenkte.

Unweit der franko-britischen Ausstellung zu Shepherds Bush bei London war mit dem Kostenaufwande von 1 100 000 Mark ein riesiges Stadion mit angrenzendem Schwimmbassin errichtet worden. Lord Desborough, ein englisches Prachtexemplar, Fechter, Fischer, Jäger, Fahrer und Athlet schlechthin, der alle fünf Erdteile schon mit dem Ruhm seiner sportlichen Taten erfüllt hatte, war Präsident der „British Olympia Association". Aus 21 Völkern und Völkchen hatten sich im ganzen 1893 Mann gemeldet, unter ihnen 84 Deutsche. Bei der Parade vor den königlichen Protektoren zog auch eine flotte Riege dänischer Turnerinnen in ihren kurzen Röckchen vorüber, mit hellem Jubel begrüßt. Daß unsere Vertreter mit eisigem Schweigen empfangen wurden, lag nicht an ihrer Gefährlichkeit, sondern teils an der franko-britischen Annäherung, teils an gewissen andern gesellschaftlichen Vorkommnissen, die in Europa peinliches Aufsehen erregt hatten. Benachteiligt fühlten sie sich nachher auch noch. Ähnliche Klagen sind von amerikanischer und französischer Seite erhoben worden und wohl durchweg auf momentane Überreizung zurückzuführen. Man kann versichert sein, daß die Engländer, in deren Händen Leitung und Schiedrichteramt lagen, gerade bei dieser Gelegenheit es nicht an Umsicht und *fairness* haben fehlen lassen.

Die Resultate sind leider für uns Deutsche recht beschämend. Während die Briten mehr als 30 goldene Olympiamedaillen als erste Preise einheimsten, die Amerikaner beinahe 20, mußten wir uns mit zweien begnügen, in so untergeordneten Konkurrenzen wie Rückenschwimmen über 100 m (Sieger Bieberstein aus Magdeburg) und Kunstspringen (Sieger Zürner aus Hamburg). Es ist ein schwächlicher Trost, daß auch andre Nationen sich vor Britannien und Amerika beugen mußten; Frankreich, Ungarn, Schweden selbst erreichten mehr als wir. Zwar erhielt unsere Musterriege, die, man weiß nicht recht warum, außerhalb der eigentlichen Konkurrenz turnte, einen (Wander-) Schönheitspreis, die sog. „Coupe Olympique", die in Athen 1896 die schwedische Riege davongetragen hatte. Um so bitterer ist die Enttäuschung über das schlechte Abschneiden unsrer Turner im Siebenkampf. In einer Kunst, die, von Deutschen erfunden, uns von Jugend auf eingebläut wird, erringt der Italiener Braglia mit 317 Punkten den ersten Preis, während der beste Deutsche mit $273^1/_2$ Punkten den vierten Platz belegt, also nicht einmal eine bronzene Medaille gewinnt. Hier muß irgend etwas in Unordnung sein. Entweder sind unsre Ansprüche an Leistung niedriger als bei sportlicher gesinnten Nationen; oder es ist bei der Zusammenstellung gerade dieser Mannschaft doch wieder dem Zufall und dem persönlichen Geldbeutel die Auslese überlassen worden; oder die Ausgesendeten hatten nicht die nötige Selbstzucht, um sich durch zweckmäßige Lebensweise für die Tage der Anspannung in guter Form zu halten. Einen Lichtpunkt bildete dagegen der moralische Erfolg unseres besten Tennismannes, Otto Froitzheim. Nachdem er in fünf spannenden Kämpfen fünf der stärksten Gegner, unter ihnen Kenneth Powell, die Tennishoffnung Jung-Englands, und Parke, den irischen Champion, niedergerungen hatte, kam er gegen Ritchie in die Schlußrunde. Diesmal unterlag er freilich und mußte sich mit der silbernen Medaille begnügen. Doch die londoner Tages- und Fachblätter priesen fast überschwänglich in einer Mischung aus Romantik und Sachkunde seinen Stil, seine Unerschrockenheit in kritischen Augenblicken, seine Grazie und Ausgeglichenheit, brachten sein Bild, nannten ihn das neue Tenniswunder. Ein ehrlicher Ausdruck des Staunens, daß auf dem verachteten „Kontinent" etwas gedeihen könnte, das englischer Form sich nähert.

Zu erwähnen ist noch ein junger Münchener mit Namen Braun, der im Lauf über 800 m Dritter wurde, in 1 Minute 55 Sekunden — eine höchst achtbare Leistung. Der Marathonlauf zwar endete mit einem Mißton, da der Italiener Dorando nach Zurücklegung der 42 km wohl als Erster das Stadion erreichte, doch kurz vor dem Siegespfosten zusammenbrach, von Landsleuten durchs Ziel geschoben, als Sieger ausgerufen — und andern Tages ganz mit Recht disqualifiziert wurde.

Im ganzen, wenn die bei so enormer Beteiligung drohende Gefahr der Übersättigung vermieden, die Zahl der Konkurrenzen gemindert und die sonst noch resultierenden guten Lehren beherzigt werden, können sich die olympischen Spiele durch Worfelung der Spreu vom Weizen, Aufstellung richtiger Begriffe, Schärfung des Augenmaßes für wirkliche Leistung zu einem wahren Segen gestalten. Im Jahre 1890, als die Leichtathletik (Laufen, Werfen, Springen, Heben) in Deutschland aufkam, wurde sie ja mit frohen Hoffnungen begrüßt. Diese Hoffnungen waren insofern nicht ganz irrationell, als unsere Abkunft von den muskulösesten, kriegstüchtigsten Ahnen unserm Ehrgeiz diese Richtung wies, der deutsche Volkskörper gegen heute um 18 Kneipjahre magerer war, das deutsche Herz 900000000 hl Bier weniger zu filtrieren gehabt hatte. Dennoch bewahrheiteten sie sich nicht, ja es wurde von fachmännischer Seite schon am 25. Juli 1902 offen ausgesprochen, daß erstens Faulheit (will sagen alkoholische Verfettung) am richtigen *training* hindere; und zweitens eine sportwidrige Eitelkeit viele vom ernstlichen Wettbewerb abhielte, nur weil sie es nicht ertrügen, unplaziert (ohne Preis) abzuschließen.

Vielleicht hat jener Kenner die Dinge doch zu schwarz gesehen. Denn sicher fällt eine Entschuldigung sehr ins Gewicht: daß nämlich gerade in den Kreisen, die sich der Leichtathletik noch am ehesten zuwenden, Fußball eine solche Leidenschaft geworden ist, daß es auch — im Kontrast mit England — an heißen Sommertagen gespielt wird.

Ließe man Fußball ausschließlich für den Winter, würden beide Sportbetriebe gewinnen. Allein schon ein Blick in die Sportblätter zeigt, daß die Ausbreitung der Leichtathletik und die Lust an ihr im Zunehmen begriffen sind. Vor mir liegt ein Ausschreiben des Fußballklubs der „Stuttgarter Kicker“ zu den sechsten „Nationalen Olympischen Spielen“ mit Konkurrenzen für Diskuswurf, 400-, 800-, 1500 m-Laufen, Stafettenlauf über verschiedene Strecken, Dreibeinlauf, Stabhochsprung, Tauziehen, Dreikampf (Speerwurf, 100 m-Lauf, Dreisprung) usw. Es fehlt aber auch nicht an gleichzeitigen Ausschreibungen für „Internationale Olympische Spiele“ zu Mülhausen, Kaiserslautern, Duisburg usw. Aus all diesem Eifer muß doch zuletzt die Einsicht emporgedeihen, daß es wie in der Strategie so in der Athletik Stegreiferfolge nicht gibt, nur das Wohlvorbereitete, das zäh Erarbeitete die Palme verschaffen kann.

Der Sport und die Frauen

NUN EINMAL noch und ausführlicher zu unseren Lieblingen, unsern Schmerzenskindern.

Von jeher haben sich die Frauen durch gewisse Geschicklichkeiten ausgezeichnet und sich mit ihnen auch gegen das stärkere Geschlecht behaupten können, besonders als Läuferinnen und Reiterinnen. Da sie die angegriffene und belagerte Partei waren, mußte die Natur ihnen das Fliehen erleichtern und hat es getan. Die Sage sowohl von der knieschönen Atalante, die „hochgeschürzt mit ihren Freiern wetterannte“, wie von den so wohlberittenen und noch dazu streitbaren Amazonen muß historische Unterlagen gehabt haben. Zu Roß leisten auch heute noch unsere Damen, und nicht nur im Zirkus, Vorzügliches; das Laufen (Springen sagen die Süddeutschen) ist allerdings desto kläglicher in die Brüche gegangen.

Es hält dem gegenüber schwer, die Beziehungen der Frauen zum Sport so, wie sie es haben möchten, in rosigem Lichte zu sehen und mit parfümierter Feder zu schildern. Aber wenn der Wunsch zu nützen schon dazu zwingt, gewisse Dinge unverblümt auszusprechen, sollte jeder Deutsche vorher an seine Brust schlagen und rufen: „Mea culpa, mea maxima culpa!“ Denn die germanischen Matronen, denen zur Römerzeit, wenn Väter, Gatten und Söhne in die Schlacht zogen, die Wagenburg zur Verteidigung anvertraut wurde, die Kolonistenfrauen noch, die zur Deutschordenszeit gefangen ihre Wachen totschlugen und sich den Weg zur Freiheit bahnten, sie hatten gezeigt, was deutsche Frauen sein könnten, sein sollten. Unsere Bäuerinnen tun das in der Mehrzahl heute noch, arbeiten auf ihre Weise soviel wie die Bauern und manchmal mehr. Der Unsegen ist über unsre Städterinnen gekommen durch das philiströse: „Die Frau gehört ins Haus.“ Wie Katzen sollten sie an Stube, Keller und Boden kleben. Wo sind heute noch Gärten in den Städten? Und übrigens: etwas Trübsäligeres, Abgeschnürteres als das Leben mittelalterlicher Burgfrauen auf jenen meist hochliegenden, ummauerten Geiernestern mit Burggärtlein, in denen sich knapp drei gelbe Rüben und fünf Salatköpfe pflanzen ließen, war kaum noch auszudenken. Die Städte wurden gleichfalls eng und ungesund angelegt. So hat ein Jahrtausend hindurch die deutsche Bürgerfrau hygienisch nie etwas Rechtes für sich getan, stets nur ihr Gesundheitskapital verzehrt. Allgemach ist es auf die Neige gegangen.

Wessen Blick durch die täuschenden und verhüllenden Zurichtungen hindurch den menschlichen Leib zu schauen geübt ist, erkennt auch heute noch in unserer Mädchenschar zuweilen frische, blühende Gestalten, die sich den Hauptansprüchen, die Staat und Rasse stellen, gewachsen zeigen mögen. Begegnen sie uns morgens, verschönen sie den Tag und verscheuchen keimenden Mißmut. Wenn es viel ist, betragen sie ein Fünftel, und auch ein zweites Fünftel mag noch hingehen. Aber der Rest von etwa drei Fünfteln mit welker Faser, ohne Trieb und Saft, zusammenbrechend vor jeder ernstlichen Anforderung, was bedeutet er? Ich will den industriellen Ausdruck lieber verschweigen.

Was könnte der Sport hieran ändern? Wie weit vermöchte er vorzudringen? Unsre Frauen haben ja bekanntlich auch so schon „keine Zeit"; und unsere aufgewecktesten Mädchen wollen gelehrt werden, studieren. Ohnehin könnten Fußballspierinnen und Ruderinnen, die „sporting girls" nach amerikanischem Muster mit harten Händen und braunverbrannten Unterarmen bei uns nur Zielscheiben für den Spott kundiger Thebaner, für die Wut egoistischer Spießbürger werden. Hieran denkt also niemand. Aber erstens geben im Guten wie im Bösen die gebildeten Stände das Kommandowort für die Sitten des Kleinstandes; und zweitens existiert erfahrungsgemäß nur eine Potenz mit Kraft genug, um auch Mädchen aus der Stickluft ihrer Stuben von einem kränkelnden Innenleben hinweg an die freie Luft zu führen und in ihr festzuhalten; das ist die Lust am Spiel, an der „Partie".

Freilich, wenn zwei dasselbe tun, ist es nicht dasselbe.

Den bald 10000 Spielern und Spielerinnen, die in turnierfähigen Lawn-Tennis-Klubs organisiert und im deutschen Lawn-Tennis-Bund vereinigt sind, reihen sich vielleicht noch 100000 an, die auf gemieteten oder sonstigen Privatplätzen jenem Sport huldigen. Aber es ist ein offenes Geheimnis, daß dessen anscheinend so breite Beliebtheit sich weniger von den Töchtern als von den Müttern herschreibt, die in den Tennisplätzen eine sehr willkommene Ausdehnung des Heiratsmarktes erblickten. Daher treten soviele junge Damen, die mit Eifer gespielt hatten, pünktlich zwei Tage nach der Verlobung aus ihrem Klub. Oder es geben solche, auf die der Sport wegen der bewiesenen Fertigkeit Hoffnungen setzte, nach der fünften, der sechsten Spielzeit plötzlich auf, weil „es doch zu nichts führt". Da merkt man den Mangel an innerem Interesse. Eine sehr beredte Dame hat uns zwar neulich klar gemacht, wie die Frauen hauptsächlich deshalb klüger als die Männer seien, weil sie die männliche Begeisterung für eine Sache nicht kapieren, geschweige denn teilen könnten. Ein alter Idiot hatte sich zu der Behauptung verstiegen: „Deutsch sein heißt, eine Sache um ihrer selbst willen treiben." Unsre Tennisspielerinnen widerlegen ihn. Kerndeutsch sind sie sicherlich, spielen aber zu 99 Prozent Lawn-Tennis nicht um des Spieles willen. Käme noch einmal ein hinkender Teufel, der die Dächer abdecken, den Leuten in die Stuben gucken könnte, und nähme diesmal die Deckel von den deutschen Tennisherzen, was für grundverschiedene Beobachtungen bei Damen und Männern würde er auszuplaudern haben! Die Männer denken: „Mein Rückhänder taugt noch nichts; muß mir einen Trainer nehmen. Gestern gleich nach dem Austeilen zum Netz vorgesprungen; war gut; muß das öfter versuchen. Muß noch Unterhandservice üben! Wie wird meine Vorgabe sein? Wer ist Handicapper? Nächste Woche Turnier! Hurra! ... Hoffentlich scharfe Konkurrenz!" Die Mädchen denken: „So wenige heiratsfähige junge Leute im Klub! Herr Moses noch der vermögendste; muß sehen, das *mixed double* mit ihm zu spielen! Ich heute riesigen Hut mit drei Straußenfedern; Grete plundrigen Strohhut mit ausgeschossenem Band! Ich seidene Strümpfe, Grete baumwollene! Wenn die Grete mir die Damenmeisterschaft streitig macht, kratzen Mama und meine Schwestern ihr die Augen aus. Hoffentlich kommen zum Turnier keine guten Spielerinnen von außerhalb." In der Tat muß man Tauben in ihrem Futterneid beobachtet haben, um sich von der klugen Unsachlichkeit, jener anderen, pfennigpfuchsenden „Interessiertheit", die Leute zeigen, die beim Kartenspiel durchaus nur gewinnen dürfen, wenn sie guter Laune bleiben sollen, eine Vorstellung zu machen. Eine wirkliche verständige Sportfreundin hörte man eines Tages mit einem Seufzer sagen: „O, bin ich froh, daß ich gegen die Fanny verloren hab'! Hätt' ich gewonnen, ich würde ja von ihrer Sippe den ganzen Winter keine ruhige Stunde mehr gefunden haben." Gemeinhin lautet eben die Parole: „Lieber in einer miserablen Partie gewinnen, als von einer starken Gegnerin etwas lernen!"

Die Aussichten des Sports, insoweit das weibliche Lager in Betracht kommt, würden also wenig zunehmen, selbst wenn die Lawn-Tennis-Flut noch weiter anschwölle. Das Schlimmste ist aber, daß unsre weibliche Jugend in den Städten mit geringen Ausnahmen so vermückert und die Ansichten der Eltern so schief sind, daß diejenigen Mädel, die überhaupt noch den Trieb zu scharfer Bewegung in sich spüren, ausdrücklich daran verhindert werden. „Nicht rennen!" tönt es hinter jeder flotten kleinen Krabbe her, die noch ihre Glieder rühren möchte. In der Schule stillsitzen, Kopfweh bekommen, die Eßlust verlieren und bleichsüchtig werden, dazu scheinen heute im allgemeinen unsere jungen Städterinnen verdammt zu sein. Und gerade die Richtung, aus der die Hilfe vielleicht nahen könnte, wird sorgsam verbarrikadiert? Wenn man, um für breite Schäden breite Abhilfsmittel zu finden, stets die einfachsten Grundlinien aufsuchen muß, ist es doch klar, daß unsre Frauenwelt sich auf ihre Urtugend zurückbesinnen müßte: auf ihre Schnelligkeit. Warum sich Gaben anquälen wollen, die die Natur in ihrer Zweckmäßigkeit versagt hat, um diejenigen zu vernachlässigen, die sie freundlich gewährte? Von der Übung der Schnelligkeit aus, klein angefangen ließe sich vielleicht noch einmal das städtische Frauenblut in kräftige Zirkulation bringen, Herz- und Lungenkraft sich stählen.

Vor nun vier Jahren schien dieser Gedanke sich tatsächlich Bahn gebrochen zu haben; es wurden von berliner Sportfreunden Preise gestiftet und im Sportpark zu Treptow bei Berlin ein Wettlauf unter Mädchen veranstaltet. Schon die Vorläufe bewiesen, daß diese Generation jeder straffen Muskelanstrengung entwöhnt war. Unter etwa 150 Bewerberinnen befand sich nur eine, die wirklich noch „rennen" konnte, vielleicht weil sie von ihrer Mutter nicht systematisch daran verhindert worden war, ein dralles Ding von sechzehn Lenzen, die den andern einfach davontrabte. Die Kritik zeigte bei dieser Gelegenheit nicht ihre sonstige Besonnenheit. Statt diesen allerersten, bescheidenen Anfang freudig zu begrüßen, ihn liebevoll und mit Geduld zu entwickeln, wurden die Gutwilligen, die überhaupt für diese Art ungewohnter Strapaze zu haben gewesen waren, wegen ihrer schlechten Form bewitzelt und verhöhnt. Wo sollten sie die bessere denn aber herhaben? Welcher Lehrer hatte sie zum Lauf erzogen? Nun wurde der Umstand, daß diese Verängstigten z. T. hysterische Krämpfe bekamen und ihr Haar nicht ordentlich zu befestigen verstanden hatten, zu einem neuen Vorwand genommen, um der deutschen Frauenwelt auch weiterhin körperliche Fäulnis einzuschärfen.

Richtig ist ja, daß es schwer halten würde, die heute schon Erwachsenen in größerem Umfang für diese Sache zu gewinnen. Denn hier spricht die moderne Welkheit der Faser ein gewichtiges Wort. So, wie man die bekannte vatikanische (in Wirklichkeit natürlich olympische) Wettläuferin antreten sieht, mit einem oberhalb des Knies endenden Hemdchen oder Kittelchen, beide Arme und auch die rechte Brust frei, so dürften das unter den modernen Mädchen die sich überhaupt einer Büste erfreuen, nur die allerwenigsten und seltensten riskieren. Ich habe den Fall mit Frauen sowohl wie Fräulein durchgesprochen, und die gescheidtesten sagten mit geheimnisvollem Lächeln; „Nein, nein, es geht nicht.“ Sie waren im Recht. Die moderne Frauenwelt hatte es so ganz vergessen, daß ihren Formen, auch wenn sie in der Ruhe Anmut vortäuschen, doch nur eine straffe muskulöse Unterlage — die ohne Übung nicht zu erlangen ist — Festigkeit garantieren kann. Bewegung halten sie nicht aus. Entweder sind die Brüste zu massig und fett an sich, oder sie sitzen zu lose auf. Es würde bei schnellem Lauf das Phänomen des Baumelns oder Schlenkerns eintreten, das wir als unschön empfinden, abgesehen davon, daß es den Betroffenen höchst lästig ist. Darum dürfen sich eigentlich nur magere Tennisspielerinnen das Vorspringen zum

Netz gestatten, die andern verlangsamen unwillkürlich ihr eigenes Tempo wie das der Partie, oder greifen doch eben wieder zum Korsett. Und ein Wettlauf im Korsett ist nur etwas Halbes, ist unsportmäßig.

Aber warum nicht früh beginnen? Warum nicht in allen Städten, die doch Luftbäder haben entstehen sehen, auch Rennbahnen für Knaben und Mädchen einrichten? Warum nicht alljährlich Wettrennen halten mit Preisen, die den Ehrgeiz beleben und körperliche Leistung an freier Luft als etwas Verdienstliches erscheinen lassen? Es werden Millionen an Preisen gestiftet für Pferde, mit dem ausgesprochenen Zweck, durch Leistungen die Rasse zu veredeln. Ist unsere Pferderasse so viel wichtiger und wertvoller als unsere Frauenrasse? Findet sich kein reicher Volksfreund, der mit Hergabe von 3000 M. im Jahre die treptower Rennen erneuert, damit arme Mädel aus dem Volke sich womöglich eine kleine Mitgift erlaufen könnten und das Gute langsam, langsam sich Bahn bräche? Reiten wird immer nur den Vorzug eines ganz engen plutokratischen Kreises bilden. Für die Millionen des Kleinstandes, die heranwachsen, sollte mehr vorrätig sein, als allenfalls das Radeln, das gar nicht einmal allen Mädchen bekömmlich ist, weil die Reibung der Oberschenkel am Sattel so häufig eine ganz unhygienische Hitze der Schoßgegend erzeugt. Der Reigen und das Keulenschwingen, die neuerdings von etlichen Schulen in geschlossenen Räumen betrieben werden, können die Freiluft nicht ersetzen. Die angeblich ins Leben, tatsächlich in Fabrikräume hinausgetretenen oder gar bei der schlimmeren Heimarbeit zurückbehaltenen Proletarierkinder wissen vollends von ihr kaum durch Hörensagen. Wo aber kräftigeres Volk noch grünen möchte, sollen wir immer und ewig, sobald wir solche körperlich begabteren Kinder anschauen, traurig denken: „Wie schnell wird der Wurm der Entartung auch an dieser Knospe nagen?“ Da doch zu ihrer Instandhaltung so gut wie nichts vorbereitet, üblich und volkstümlich ist?

Sport und Ladenschluß

ELCH ein ganz anderes Bild jenseits des Kanals! Wen an einem Nachmittag der guten Jahreszeit sein Weg zufällig durch die City von London führt, der begegnet Scharen von jungen Leuten, die untereinander eine gewisse Familienähnlichkeit haben und einem bestimmten, diesmal unkaufmännischen Zwecke nachzugehen scheinen. Sie tragen entweder schon Sportanzüge oder doch einen kleinen Lederkoffer, der die nötigen Sachen enthält, die sie vorsorglich bereits am Morgen zur Office mitgenommen hatten. An Samstagen zwischen vier und fünf, an den übrigen Wochentagen zwischen sechs und sieben Uhr am lebhaftesten strömen sie zu den Haltestellen der Untergrundbahnen, um schnell ihr Boot auf der Themse, das sie stromaufwärts rudern wollen, oder Lords Cricket Grounds oder einen Tennisplatz oder eine Wiese vor der Stadt zum Hockeyspiel zu erreichen.

Hier merkt man wieder einmal so recht, welch eine gewaltige, wohltätige soziale Macht der Sport in England bedeutet, da er dem britischen Geschäftsgeist schon seit einem Jahrhundert etwas abgerungen hat, um das wir in Deutschland vergebens kämpfen: den früheren Schluß der Kontore. Der Sport hat sich die englische Geschäftszeit, die englische Geschäftszeit wieder hat sich die zweckmäßigen Mahlzeiten angesetzt. Der londoner Bänker, der sein Kontor zu einer Stunde schließt, wann in Deutschland die Arbeit erst recht zu beginnen scheint, weiß, was er tut. Er hat seine eigene Jugend noch nicht vergessen, zielt vielleicht selbst sehnsüchtig nach seiner Golfpartie oder seinem „houseboat“ auf dem Strome und weiß aus Erfahrung, um wieviel elastischer der junge Mann an seine Arbeit geht, der tags vorher sich an freier Luft müde gemacht und gut ausgeschlafen hat. Durch die ganze englische Geschäftswelt geht aber dieser Zug: die Hauptnahrungsaufnahme nicht in die Mitte der Arbeit zu verlegen und dem Körper nach getaner Arbeit die Möglichkeiten zur notwendigen Regeneration zu gewähren.

Kein Ende nehmen die Klagen, daß dem in Deutschland nicht so ist. Die Mittagspause mit ihrer Hast vermag nicht jene Entspannung zu bieten, durch die allein die Nahrungszufuhr bekömmlich wird; dafür entläßt sie schläfrige Menschen mit angefüllten Mägen zu einem noch fünf- oder gar mehrstündigen Pensum. Hunde, die man vor der Jagd fressen läßt, verdauen bekanntlich nicht; man findet das Eingeschlungene, wenn man sie seziert, ziemlich unverändert im Magen vor. Bei Menschen ist es fast ebenso. Die Versuche, hier gründlich zu reformieren, können im großen ganzen als gescheitert angesehen werden; sie haben lediglich zu einer totalen Verwirrung unserer Mittagszeit geführt, sodaß man in größeren Städten bei Besuchen — man mag anklopfen, wann man will — immer fürchten muß, den Hausherrn mit der Serviette anzutreffen. Den größten Nachteil aber haben unsre jungen Kaufleute, die gern sich sportlich betätigen würden, es aber nicht dürfen. Zwischen acht und halb neun abends allenfalls treffen sie auf dem Sportplatz ein, wo dann, den Monat Juni ausgenommen, gerade alles vorüberzusein pflegt und die meisten Kameraden sich schon zum Weggehen rüsten. Liegt das Spielfeld nicht ganz in der Nähe, und lassen die Verbindungen zu wünschen übrig, so hört natürlich überhaupt jede Mitwirkung auf.

Denjenigen, die nun vielleicht denken: „die Deutschen sind eben die betriebsameren, fleißigeren, deshalb kommen sie jetzt auch in der Welt voran," muß vor allem dieser Irrtum benommen werden. Mit Fleiß und Betriebsamkeit haben diese späten Stunden in der Mehrzahl der Fälle rein garnichts zu schaffen, eher mit dem Gegenteil. Unsre Bankdirektoren und sonstigen Großkaufleute, die ihrer Zeit keinen Sport getrieben hatten und dem neuen Wesen fremd oder gar mit ausgesprochener Abneigung gegenüberstehen, halten um so treuer und zäher an ihrer unzweckmäßigen Tischzeit fest. Zwischen ein und drei Uhr überfüttern sie sich mit viel zu üppigen Fleischgerichten, trinken ihren Wein dazu, und wenn sie dann überhaupt ohne ausgiebigen Nachmittagsschlaf aufs Kontor kommen, entwickeln sie doch hier zunächst keine größere Aktivität als eine satte Boa constrictor. Sie bleiben ein paar Stunden hindurch höchstens fähig, ihren Kaffee zu schlürfen, eine oder ein paar feine Zigarren zu rauchen und ein paar Zeitungen durchzusehen. Die Idee der Arbeit würden sie ganz energisch von sich weisen. Erst wenn die Sonne sich schon senkt und die abendliche Brise sich bemerkbar macht, beginnen sie Briefe zu öffnen, ihre Notizen und Anweisungen zu kritzeln. Dann erhalten die jungen Gehilfen, nachdem sie die kostbare Zeit hatten vertrödeln müssen, plötzlich gegen sieben Uhr, während ihnen der Boden unter den Füßen brennt, Stöße von Korrespondenz, die sofort erledigt sein will. Und wenn sie glücklich erledigt ist, bleibt meistens gerade noch Zeit genug für die Kneipe, doch nicht mehr zum Zug ins Freie.

Auch hier also liegen die Dinge bei uns derart, daß erst neue deutsche Ideale sich bilden müßten, bevor unsre Lebensgewohnheiten hygienischer werden könnten. Zurzeit glaubt der Deutsche noch der Klügere zu sein, weil er die Energie seiner Schüler in erster Linie für Ansammlung von Kenntnissen verbraucht und, falls er selbst im geschäftlichen Lebenskampf steht, seinen Körper rücksichtslos wie einen Sklaven zum Gelderwerb ausnutzt, ohne gegen seine innere Struktur auch nur gesundheitliche Anstandspflichten zu kennen. Daher spottet er klugschwätzig über diese faden Briten, die in Schanghai, Teheran oder Johannesburg, sobald die Sonne sinken will, ihre Kontore schließen, sich in ein weißes Kostüm hüllen und zum Tennis- oder Polospiel fahren. Sie könnten doch auch von 6—8 Uhr noch herumhocken, um irgendein Geschäftchen zu erwischen! Aber diesen Vorsprung, den der Deutsche wahrnimmt und sich noch etwas darauf einbildet, wird er eines Tages mit den leiblichen Tugenden seiner Rasse bezahlt haben.

Die neuesten Sportfeinde

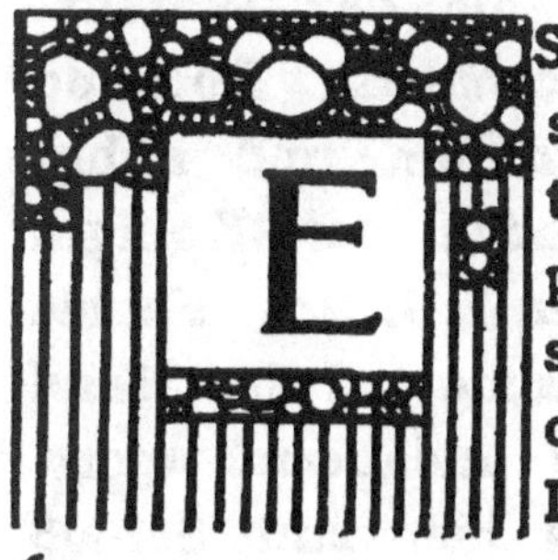

S STAND allerdings zu erwarten, daß die schon mehrfach erwähnte, von den Schultyrannen älteren Datums ausgehende Opposition gegen den Sport sehr bald von seiten der Verweichlichung und Hypochondrie Unterstützung finden würde. Das Feldgeschrei lautet hier: „Zurück!

Wir haben schon zuviel vom Sport, er ist schädlich, ungesund usw." Es werden für diese Polemik auch die bekannten „vernünftigen Grenzen" viel bemüht, für die es nur einen Beweis gibt: stümperhafte Leistung. Also Mädel, die beim Lawn-Tennis den Ball schlechterdings nicht übers Netz bekommen oder ihn nach allen Windrichtungen auskeilen; Buben, die zum Lauf über hundert Meter eine Minute brauchen; Athleten, die bei den olympischen Spielen in allen Konkurrenzen geschlagen werden, das wären die echten deutschen Sportsleute.

Natürlich stürzt sich die Hypochondrie als Sportgegnerin vor allem auf jeden einzelnen Unglücksfall, der irgendwo passiert ist, zieht aus ihm sofort allgemeine Schlüsse und kreischt „Wehe!" Es mochte nicht schön ausgesehen haben, als ehrgeizige Italiener ihren beim Marathonlauf zusammengebrochenen Landsmann Dorando wie ein Opfertier am Ziel vorüberschleiften; und es war unhygienisch, denn ohnmächtige Menschen soll man horizontal hinlegen, damit das Großhirn leichter mit Blut versorgt werde. Aber was soll das gegen den Sport beweisen? Muß gleich die ganze Landesverteidigung abgeschafft werden, sobald ein paar Musketiere der Sonnenstich traf? Hatte der Sport in jener Minute seine sämtlichen Empfehlungen eingebüßt? Doch wohl nur in den Augen von Leuten, die das Wesentliche vom Unwesentlichen nicht unterscheiden. Dorando war anderen Tages wieder wohl und munter und nahm unter ungeheurem Beifall aus den Händen der Königin von England seinen Trostpreis entgegen. Unsre Feinde aber, die sofort mit dem innigen Wunsche bei der Hand waren, es möchten die Deutschen doch andauernd sportlich in den Hintersielen bleiben, sollen hier zum Schluß noch ausgiebig zu Wort kommen. Was alles warfen sie dem Sport vor?

Sie behaupten, er habe in England keinen veredelnden Einfluß auf die niederen Volksschichten; in den höheren klage man über den geistigen Rückgang der Schüler. Die jungen Leutnants verstünden Kricket und Fußball, aber keine Geographie. Dies komme von der Sportliteratur. Sie sei derartig umfangreich, auch in der Tagespresse, daß Jung-England über dieser Lektüre verblöde und zu geistigen Anstrengungen höherer Art unfähig werde. Ebenso klagen Eltern in Deutschland, ihre Söhne seien in den Freistunden nicht mehr für ernsthafte Musikübungen zu haben und unempfänglich für gediegene Bücher.

Was nun jene erste Behauptung anlangt, so ist sie erweislich unwahr. Ein Organ der „charity" ist der Sport noch nie gewesen; daß er soziales Elend lindern und allen breit fortwirkenden Ursachen zum Trotz die Degeneration des londoner Proletariats aus der Welt schaffen solle, heißt wirklich zuviel von ihm verlangen. Um die londoner „slums" in den verrufenen Quartieren mit gesünderen Menschen zu füllen, wäre eine Reform der verrückten Mietgesetze viel dienlicher. Jeder aber, der England kennt — auch Karl Peters, der drüben lebt, hat es unlängst erst ausgesprochen — weiß, daß der noch nicht degenerierte englische Fabrikarbeiter im allgemeinen keinen höheren Ehrgeiz für seine Freistunden kennt, als „to behave himself like a gentleman", was den Sport selbstverständlich einschließt. Noch weiter ausbreitbar wäre er gerade in diesen Kreisen dadurch, daß der puritanische Sonntag, an den sich viele drüben immer noch bis zur Bewegungslosigkeit binden, für sportliche Betätigung frei gegeben würde. Vor wenigen

Jahren litten selbst in Heidelberg die Tennisturniere dadurch, daß die Engländer an Sonntagen nicht zum Spiel antraten.

Was aber sollte nun geschehen, wenn der Sport nicht existierte? Welcher günstige Einfluß auf die britische Rasse, deren Charakter, Gemüt und Intelligenz könnte resultieren aus dem Aufhören von Kricket und Fußball, von Rudern, Tennis, Hockey und aller Leichtathletik? Nur Philosophen, die ihre Sittengesetze stets für Menschen ohne Mägen ausklügeln und sich eine Jugend mit Fischblut in den Adern denken, übersehen es, wie der einzige Ersatzmann des Sports, Freund Alkohol, auf die gute Gelegenheit lauert. Man rotte den Sport aus oder schränke ihn derartig ein, daß er uninteressant wird und kein junges Herz mehr höher schlagen macht, die Folgen würden Zunahme von Trunk und Hasard sein. Wie wir in Deutschland mit dem Sport den Bierteufel zu beschwören suchen, so würde dieser Teufel sich in England bei der Jugend einstellen, der man den Sport wegnahm. Denn etwas für ihre Phantasie, etwas vom Schulzwang Verschiedenes wollen die Knaben in den Freistunden genießen, und nimmt man ihnen das, was sie schätzen, dann muß ihnen etwas noch Besseres dafür geboten werden. Es kommt also lediglich auf die schon im dritten Kapitel gestellte Alternative heraus. Unsre älteren Schulmänner freilich drücken lieber beide Augen zu und konzedieren den Primanern bestimmte Bierlokale in der Stadt um den Preis, nun wenigstens vom Sport nichts mehr hören zu müssen. Die Briten jedoch finden in ihm die gesündeste Ablenkung überschüssiger Kräfte, die beste Garantie gegen gewisse, unsere Gymnasien besudelnde Knabenlaster, sodaß kein Gezeter üher verknaxte Knöchel, zerschundene

Schienbeine und ausgerenkte Arme sie hierin wankend machen wird.

Freilich teilt auch der Sport mit allen übrigen menschlichen Einrichtungen die Eigenheit, nichts absolut Vollkommenes zu sein. Daß gerade ihm aber plötzlich die Übelstände des geistigen Lebens in England zur Last gelegt werden, ist ungerecht. Wenn jahrhundertelang in kaufmännisch begabten Völkern der Sinn der Jugend auf praktische Gegenstände, frühen Erwerb usw. gerichtet wurde, ergibt sich rein evolutionistisch eine gewisse Abneigung gegen Träumereien und ideelle Spekulation von selbst. Gerade hierin sind wir früher viel zu weit gegangen. Die Musik aber hat in England in derselben Zeit, während sich der Sport so fein differenzierte, nicht etwa Rückschritte, sondern ganz erstaunlische Fortschritte, sowohl für Ausübung wie Verständnis gemacht. Und man sollte sich hüten, einer Nation geistige Verarmung nachzusagen, die als Zeitgenossen zwei so phänomenale, geistsprühende Dichter wie Rudyard Kipling und Bernhard Shaw aufweisen kann. Ich nenne den witzigen Oskar Wilde mit diesen beiden nicht in einem Atem; denn der „Ästhet" Wilde war bekanntlich Sportverächter. Es würde besser für ihn gewesen sein, er hätte Sport getrieben. Er wäre dann vielleicht nicht so schnell und gründlich der wollüstigen Verweichlichung verfallen, die ihm seinen bürgerlichen und intellektuellen Untergang bereitet hat; denn gerade gegen sie bildet unser Freiluftsport ein unvergleichliches Gegenmittel. Ich sage mit Betonung: Freiluft, weil die gedeckten Badestuben und Ringhallen (Palästren) der Römer mit ihren schattigen Nischen als Lasterhöhlen verrufen waren. Gebt unserer Jugend statt des ewigen Hockens auf Schulbänken und Kneipenstühlen Luft,

Licht und Muskelaktion, so wird sie auch gegen jene furchtbaren Dämonen, die die antike Kultur zum Absterben gebracht haben, gefeit sein.

Was die Klagen deutscher Eltern anlangt, daß ihre Söhne jetzt immer nur ins Freie hinauswollten, statt im Zimmer Klavier zu trommeln usw., so kann man mit Erleichterung wirklich nur ausrufen: „Gott sei Dank!" Wen eine innere Stimme zur Musik hinlockt, der folgt ihr auch gern. Die Knaben, die mit Gewalt zum Übungshämmern angetrieben werden, sind bedauernswert, noch bedauernswerter wir, die wir sie später anhören sollen. Noch ist es bei uns freilich weit bis dahin, daß so viele junge Leute wie in England ins Leben hinaustreten, ohne zur Ausübung eines gewinnbringenden Berufes gezwungen zu sein. Aber was diese jungen Müßiggänger, die durch die vorschreitende Kultur und Kapitalansammlung doch nun einmal hingestellt werden, auch bei uns Besseres treiben könnten als Sport, ist mir ganz unerfindlich. Wer einen Sport pflegt, will allerdings auch die einschlägige, bei uns übrigens noch recht bescheidene Fachpresse verfolgen. Sie ist in jedem Fall nobler und menschenwürdiger, als Kurszettel jemals werden können; gerade sie zeigt sich, wenn wir die „Tips" beim Rennsport ausnehmen, frei vom Schachergeist. Findet man sie in England hypertrophisch, so mache man das werbende Kapital der Zeitungsunternehmer verantwortlich, nicht aber den Sport selbst. Im übrigen werden in Deutschland solche Ladungen von Schundliteratur in die Hände der Jugend geschmuggelt, daß man eher froh sein könnte, sie mit einer Lektüre beschäftigt zu wissen, die auf körperliche Veredlung abzielt.

Goethe als Wegweiser

RINNERN wir uns jetzt des alten Spruches: „An ihren Früchten sollt ihr sie erkennen!" so kommt uns vor allem jenes merkwürdige Urteil Goethes zu Hilfe, das (in den Gesprächen mit Eckermann) den Engländer so plastisch herausarbeitet. „Es ist ein eigenes Ding," sagt unser Altmeister; „liegt es in der Abstammung, liegt es im Boden, liegt es in der freien Verfassung, liegt es in der gesunden Erziehung, genug, die Engländer überhaupt scheinen vor vielen andern etwas vorauszuhaben. Wir sehen hier in Weimar ja nur ein Minimum von ihnen und wahrscheinlich keineswegs die besten; aber was sind das alles für tüchtige, hübsche Leute! Und so jung und siebzehnjährig sie hier auch ankommen, so fühlen sie sich doch in dieser deutschen Fremde keineswegs fremd und verlegen; vielmehr ist ihr Auftreten und Benehmen in der Gesellschaft so voller Zuversicht und so bequem, als wären sie überall die Herren, und als gehöre die Welt überall ihnen. Das ist es denn auch, was unsern Weibern gefällt und wodurch sie in den Herzen unsrer jungen Dämchen soviele Verwüstungen anrichten... Es sind gefährliche junge Leute; aber freilich, daß sie gefährlich sind, das eben ist ihre Tugend."

Eckermann antwortet hierauf ungefähr so, wie unsere heutigen Sportgegner antworten würden: Seien unsere jungen Leute nicht geschulter, gelehrter, gebildeter? Denn was dazumal als Bildung galt, war ja die harmonische Pflege aller Geisteskräfte, vom Körper garkeine Rede. Der erschien den Gebildeten halb als notwendiges Übel, halb als auszunutzender Knecht. Auch Goethe trat von den Idealen, die er selbst gepredigt und befolgt hatte, hier deutlich einen Schritt zurück, wie durch plötzliche Erleuchtung. Er ahnte die Gründe der englischen Überlegenheit, ohne sie doch greifbar in Worte zu fassen. Eckermann aber verstand ihn garnicht. Er hatte, wie das viele unter uns auch jetzt noch tun, sich eingebildet, der Weg zu den Hellenen führe durch unregelmäßige Verba, Extemporalien und Homer-Kommentar mit allen gesegneten Partikeln. Daher jenes gröbliche Mißverstehen der griechischen „Gymnasien"; daher das hartnäckige Kokettieren mit unserm Hellenentum, während jener witzigen, beweglichen Nation die Franzosen zehnmal verwandter sind. Mit den Athenern des Perikles teilen die philologisch verbildeten Deutschen höchstens gewisse politische Laster.

Goethe indessen verstärkte seinem Belauscher, der schüchtern und innerlich verletzt Einwände stammelte, nicht nur seine obige Behauptung durch eine Firmate, sondern zeichnete scharf umrissen auch noch den Typus des jungen „gebildeten" Deutschen, wie er nicht sein sollte, doch leider war. Es liege nicht, so schließt er jetzt, in der Geburt; es liege daran, daß die Engländer „eben die Courage haben, das zu sein, wozu die Natur sie gemacht hat. Es ist an ihnen nichts verbildet und verbogen, es sind an ihnen keine Halbheiten und Schiefheiten, sondern wie sie auch sind, es sind immer durchaus komplette Menschen. Auch komplette Narren mitunter, das gebe ich von Herzen zu; allein es ist doch was und hat doch auf der Wage der Natur immer einiges Gewicht. Das Glück der persönlichen Freiheit, das Bewußtsein des englischen Namens und welche Bedeutung ihm bei anderen Nationen beiwohnt, kommt schon den

Kindern zugute, sodaß sie sowohl in der Familie als in den Unterrichtsanstalten mit weit größerer Achtung behandelt werden und einer weit glücklich-freieren Entwicklung genießen... Wenn ich aber sagen sollte, daß ich an den persönlichen Erscheinungen, besonders junger deutscher Gelehrten aus einer gewissen nordöstlichen Richtung große Freude hätte, so müßte ich lügen. Kurzsichtig, blaß, mit eingefallener Brust, jung ohne Jugend: das ist das Bild der meisten, wie sie sich mir darstellen. Und wie ich mit ihnen mich in ein Gespräch einlasse, habe ich sogleich zu bemerken, daß ihnen dasjenige, woran unsereiner Freude hat, nichtig und trivial erscheint, daß sie ganz in der Idee stecken und nur die höchsten Probleme der Spekulation sie zu interessieren geneigt sind. Von gesunden Sinnen und Freude am Sinnlichen ist bei ihnen keine Spur, alles Jugendgefühl und alle Jugendlust ist bei ihnen ausgetrieben und zwar unwiederbringlich; denn wenn einer in seinem zwanzigsten Jahre nicht jung ist, wie soll er es in seinem vierzigsten sein!"

Diese Worte sind voller Weisheit. Sie werfen ein grelles Schlaglicht auf unser Problem, legen die Wurzeln gewisser Sportfeindschaften bloß, malen abschreckend in ihren Jüngern die Folgen verkehrter Bildungsideale. Nur war die tatsächliche Evolution noch viel ungünstiger, als Goethe vermuten konnte. Denn als nach der Franzosenzeit Wohlstand, Lebensmut und Lebenshunger auch in Norddeutschland so weit zugenommen hatten, daß man den deutschen weltfremd und blamiert herumstolpernden Stubengelehrten zu belächeln anfing, die Nazarener nicht länger imponierten, auch fleißige Studenten zugleich für ihre Sinne sorgen wollten, da war leider kein moderner Guts Muts da, noch ein moderner

Vater Jahn, sondern das bayrische Bier und als sein Prophet Josef Viktor Scheffel mit seinem verlogenen Hokuspokus vom deutschen „Durst“. Hatte man bis dahin kurzsichtige, blasse Asketen, „jung ohne Jugend“, als die dem deutschen Bildungsideal meist entsprechenden Vertreter herumschleichen gesehen, so trat jetzt ein grölendes, renommierendes, fettbäuchiges Bierstudententum erst recht in seinen Zenit. Einen Sportvater aber, wie wir einen Turnvater gehabt hatten, bekamen wir nicht. Wir mußten uns das rettende neue Ideal borgen; was die wütenden Bierbankphilister, die sich beschämt fühlten, dann als „Nachäffung des Fremden“, meist mit einer gründlichen historischen Ignoranz, wie ich beim Lawn-Tennis nachwies, verhöhnten.

Allein die Worte Goethes nennen noch einen bestimmten Gegenstand von schwerem Gewicht, das ist die „weit größere Achtung“, die man englischen Knaben beweise. Bei dem Wort Achtung vor Knaben werden freilich viele Schulmänner und Eltern ein sauersüßes Gesicht machen. Denn wie dürfen Sklaven, was die Kinder in ihren Augen sind, „Achtung“ beanspruchen? Sie könnten ja durch Achtung höchstens verdorben werden. Was von Goethe gemeint ist, will ich an einem Beispiel erläutern. Als der berühmte Whigführer Charles Fox noch ein Knabe war, schenkte ihm sein Vater zu freier Verfügung einen kleinen Gartenpavillon, der dann bei einer Umänderung des Parkes achtlos niedergerissen wurde. Der Knabe remonstrierte gegen diese Verletzung seiner Eigentumsrechte, worauf der Vater sich genötigt sah, den eingerissenen Pavillon wieder aufzubauen, weil man sein Wort einem Knaben so gut halten müsse wie einem Manne. Ich kenne wenige deutsche Väter, die bei dem Wagnis eines derartigen Einspruches ihren Sohn nicht mit einem: „Halt's Maul, dummer Jung'!" abgewiesen hätten; keinen, der sich herbeilassen würde, schon Eingerissenes um eines Knaben willen wieder aufzubauen. Daher leider die Unehrlichkeit innerhalb der deutschen Jugend; denn alle Tyrannen werden selbstverständlich betrogen. Daher andrerseits in Englands Einrichtungen jene „fairness", die der Sport braucht, unterhält und stets von neuem erzeugt. Politik natürlich verdirbt den Charakter, und englische Zeitungen lügen zuweilen heute ebenso fließend wie festländische oder noch besser, wenn's darauf ankommt. Dagegen hat die englische Rechtsprechung trotz vielem überlebten Formelkram einen Zug von Bonhommie, von Unparteilichkeit, den man in Deutschland vermißt. Es würde in England nicht vorkommen, daß man einer Angeklagten, wie das unlängst in einem deutschen Staate geschah, unter Vorspiegelung der Gnade ein Geständnis entlockt und, sobald man das Geständnis in den Akten hat, die Begnadigung versagt. Einem sportlichen Volk ist eben „unfair" der herbste aller Vorwürfe, während ein unsportliches ihn auf die leichte Achsel nimmt.

Akademische Sportklubs / Vom Tränieren

SO HABEN denn bei der Behinderung durch eingewurzelte Sitten, bei der durch historische Widerstände beschränkten Möglichkeit gegenseitigen Lernens auch die Versuche, gerade das akademische Wesen Deutschlands mit dem neuen sportlichen Geist auszusöhnen und zu erfüllen, bisher nur zu zweifelhaften Resultaten geführt. Was wurden nicht für wilde Hoffnungen von den Enthusiastischeren unter uns vor etwa zehn Jahren auf die Gründung akademischer Sportklubs gesetzt! In Straßburg entstand einer, in Berlin, zuletzt auch in Heidelberg. Der diplomatische Gedanke schien unwiderlegbar: dem Alkohol den Boden abgraben; der Jugend etwas noch Reizvolleres geben als den Trunk! Aber ward es tatsächlich das Reizvollere? Was für Knaben ausgereicht haben würde, sie vor dem Kneipen zu behüten, schien bei Jünglingen, die schon von den Kneipen herkamen, nicht recht mehr zu ziehen. Vielleicht lag es auch an gewissen dem neuen Wesen noch anhaftenden Unvollkommenheiten, Kinderkrankheiten gewissermaßen. Kurz und gut, die Leichtathletik erweckte nicht jenen festen Zusammenhalt, den der Bier- und Fechtbetrieb des Verbindungslebens mit seiner straffen Disziplin erzeugt. Viel Reibung war vorhanden, und gleichwohl keine rechte Wärme. Die innigen Freundschaften blieben aus, die die Korps und Burschenschaften der deutschen Hochschulen stiften; dafür gab es stellenweise Hader, Eifersüchteleien und Stänkereien ohne Ende. Dort, wo mit aller treuen Standhaftigkeit Alkohol vermieden wurde, herrschte bei Selterwasser, Kuchen und Fruchtsäften entweder geistige Leere, oder man ging zu Hasardspielen über; dort, wo Bier und Sekt wieder zugelassen wurden, verlor sich das Interesse an sportlicher Leistung. Auch der Nachwuchs wollte nicht kommen. Der berliner Akademische Sportklub ist inzwischen eingegangen, der heidelberger schien sich einmal in einen einfachen Ruderklub mausern zu wollen. War der Verband groß, traten Spaltungen ein; war er gering an Zahl, so hatte er die größten Schwierigkeiten, für vielgestaltige Betätigung die nötigen Mannschaften zusammenzustellen. Vielleicht lag die geringe Werbekraft der neuen Idee wirklich nur an der lückenhaften äußeren Inszenierung, da alles Drum und Dran, was die jungen Leute festhalten, entschädigen, ihre Zeit ausfüllen könnte, fehlt. Hätten sie schöne Klubräume zur Verfügung mit Lesezimmer und Bibliothek, mit bequemen Vorrichtungen für Gymnastik usw., dann würde auch ohne scharfen Trunk die Geselligkeit gepflegt werden können. In Holland ist alles dies bei den studentischen Verbindungen, die dort prinzipiell dem Sport huldigen und auf die Freuden der Mensur verzichten, ausgebildet. Aber wo bei uns die nötigen Kapitalkräfte vorhanden sind, kommen die Verbindungshäuser in erster Linie dem traditionellen Bierbetrieb zugute.

So wäre denn das Höchste, was vorerst auf diesem Gebiete für uns erreichbar erscheint, ein gemischtes System. Wenn Burschenschaften, Korps und Landsmannschaften das ekle Quantitätentrinken, die widerliche Biermensur, den Trinkzwang mit Spinnen und Speien drangeben, dafür Leichtathletik und Lawn-Tennis pflegen, mit ihren reichen Mitteln die Vorkehrungen dazu treffen und Sportplätze anlegen wollten, würde das ganze Wesen sich verjüngen, und man könnte von der weiteren Gründung akademischer Sportklubs absehen. Wichtiger aber als dies wäre das willige Eingehen der Mittelschulen wie der Eltern auf die sportliche Idee, damit die Buben versorgt seien, bevor sie in den heimlichen Kneipenbetrieb hineingezogen werden, und gegen ihn bereits ihr Antidot im sportlichen Ehrgeiz bei sich haben. Die hierüber sich anspinnende Dialektik kämpft leider immer noch mit denselben Scheingründen wie seinerzeit Eckermann gegen Goethe, und mir selbst ist ein Fall in Erinnerung, wo eine junge geistvolle Mutter die prinzipielle sportliche Betätigung der Jugend mit den sprudelnden Worten zurückwies:

„Jawohl, jawohl! Und nachher gibt's lauter hirnlose Riesen!"

„Wie Bismarck," erwiderte ich.

Doch zum Beweis, wie leicht bei gutem Willen Geistes- und Körperkultur zu vereinen sind, mag am besten ein Beispiel aus Amerika dienen. Auch auf den dortigen Universitäten gilt die Rudermannschaft als die vornehmste, bildet es die höchste Auszeichnung, den höchsten Ehrgeiz der Studenten, in diese Mannschaft aufzurücken. Aber der Weg zu ihr führt über geistige Anstrengung. Nur wer im Winter gewisse Prüfungen bestanden hat, darf im Sommer für die „representative crew" konkurrieren. Und nun entwirft uns ein Augenzeuge von dem wochenlangen *training,* das der Regatta vorhergeht, ein so anschauliches Bild, daß jedem wahren Sportfreunde, zumal im Hinblick auf die engen, oft kümmerlichen deutschen Verhältnisse, schon bei den „großen, bronzefarbigen jungen Burschen", von denen man erfährt, das Wasser im Munde zusammenläuft.

Es handelt sich um die Pennsylvania-University, die in einem Sommerquartier am rechten Hudsonufer in völliger Abgeschiedenheit von der Welt ihre Streiter versammelt. Die Mannschaft steht in gewollter Selbstbescheidung für die ganze Zeit des Tränierens unter strengen Regeln, ein in der Nähe liegendes Dorf wird nicht betreten, das am anderen Ufer des Hudson gelegene Städtchen Poughkeepsie existiert nicht für sie. Abwechselung in diese stillen Monate bringen nur gelegentliche Besuche von Freunden und Verwandten und harmlose Zimmersports wie Ping-Pong oder Billard. Nun erzählt der Berichterstatter: „Ich unterhielt mich mit einem jungen Ruderer, dessen bis zu den Ellbogen aufgeschlagene Ärmel einen muskelstrotzenden Unterarm entblößten.

„Wie kommt es,“ frage ich ihn, „daß Sie es aushalten, auch nur zehn Tage lang an diesem abgeschiedenen, einsamen Orte zu leben, ohne jede ernsthafte Tätigkeit?“

„Man fragt nicht viel nach ernsthafter Tätigkeit, wie Sie sagen, wenn man jeden Tag sechzehn Meilen rudert“, war die Antwort. „Sehen Sie, wir rudern morgens acht Meilen (= 12,8 Kilometer) und ebenso nachmittags. Das ist, wenn auch vielleicht keine sehr ernste, so doch eine sehr harte und anstrengende Beschäftigung. Wenn wir morgens unser Ruderpensum absolviert haben, dann sind wir froh, daß wir uns ein paar Stunden verschnaufen können, und ebenso sind wir abends derartig müde, daß es uns weiter keine Überwindung kostet, zu Bett zu gehen!“

Die Ernährung ist einfach, doch reichlich. Über diesen wichtigen Punkt, sowie über das Verhältnis der bloßen Kraft zur Geschicklichkeit und dieser beiden wieder zum Entscheidenden: fester Entschlossenheit und Anspannung des Willens, äußerte sich der berühmte amerikanische Trainer Ward in folgender Weise:

„Ich gebe meiner Mannschaft so viel zu essen, wie die jungen Leute nur haben wollen. Sie bekommen dreimal am Tage Fleisch — wenn sie es wünschen, wohlverstanden — Beefsteaks, Roastbeef, Koteletts usw. und viel Gemüse, aber keinerlei Süßigkeiten, Kuchen oder sonst Derartiges. Bei uns kommt es selten vor, das jemand ‚überträniert‘ wird. Und vor jeder sportwidrigen Ausschweifung bewahrt man die jungen Leute am besten dadurch, daß man sie soviel als möglich beschäftigt ... Die Muskeln allein machen es freilich nicht. Im Gegenteil: Hauptsache ist die Technik, die Kunst des Ruderns und die Energie, auch dann noch den Riemen durchzuziehen, wenn man mit seiner Kraft und seinem Atem so ziemlich fertig ist. Und es ist notwendig für den Ruderer, alles aufsparen zu können für den einen kritischen Moment — den Endkampf. All diese Eigenschaften fallen ebensosehr ins Gewicht wie die rohe Kraft, die jedoch auch keineswegs unterschätzt werden soll. Der größte und stärkste Mann ist durchaus nicht immer der beste Ruderer. Er hat wohl den Vorzug, stärker zu sein und längere Arme zu haben als der Durchschnittsmann, hat aber meistens auch geringere Ausdauer."

Eine prinzipielle Entscheidung zugunsten rein vegetarischer Kost wird hier also nicht getroffen, wohl aber zuungunsten von Bruder Alkohol.

Ausblick

DAMIT wären wir zum Schluß noch bei einem Thema angelangt, das in keinem Sportbuch mit Stillschweigen übergangen werden darf. So sehr auch der freie Deutsche fähig sein sollte, für kurze Strecken und einer mannhaften Leistung zuliebe seinem gewöhnlichen Labsal zu entsagen: kann etwa vonseiten der völligen amerikanischen Abstinenz alles Heil erhofft werden? Dies möchte sich mancher einreden, um nach diktatorischer Beseitigung des Alkohols auch sein Gegenmittel, den Sport, für überflüssig erklären zu können.

Ich zögere nicht, für Deutschland auf obige Frage mit kategorischem Nein zu antworten. Unsere Abstinenzler meinen es recht gut, wirken auch nützlich durch ihre Aufklärungsliteratur, ihr scharfes Auge auf alkoholische Gebresten. Aber ihre spärliche Anhängerschaft bleibt seit Jahren schon ziemlich stationär, sie verfechten eine Sache, die irgendwie mit dem deutschen Temperament nicht stimmt. Kurz: der erwachsene Durchschnittsdeutsche kann nie aufhören, in Bier und Wein die Ergänzung für ein Manko zu suchen, das er nun einmal hat und fühlt. Die deutsche Geselligkeit dürfte nach Verzicht auf gegorene Getränke die paar Lichseiten verlieren, die sie tatsächlich besitzt und die auch von Fremden geschätzt werden, ohne daß man irgendwie vor einem neuen Unfug, den die Beraubten an Stelle des alten treiben würden, sicher sein könnte. Andrerseits wirkt die nutzlose Gewalttätigkeit amerikanischer Sitten auf diesem Gebiete so abschreckend, daß wir freudig auf ihre deutsche Karikatur samt polizeilichen Maßregelungen verzichten sollten. Mögen reife Männer es halten, wie sie wollen, trinken oder nicht; wenn wir nur erst die frühe Jugend aus den Klauen der Gastwirte wieder heraushätten!

Natürlich ist die Idee von der absolut „vernünftig lebenden" Jugend eine Schimäre. Behaltet alle eure pedantischen „Aufklärungen" für euch; sie sind wirkungslos gleich anderen Dicktuereien. Die Jugend hört euch gar nicht, wenn ihr predigt; hört sie, so glaubt sie euch doch nicht; und wo sie euch glauben möchte, wie soll sie euch schon verstehen? Sie ist zu unerfahren; und Erfahrungen zu machen, auf eigne Faust, das eben ist der große Daseinsreiz, um dessen willen es lohnt zu leben. Da wollt ihr, nachdem ihr selbst jenen Reiz ausgenossen habt, ihn den Jüngeren verbieten? Ein Kommilito kleidete dieses Bestreben gelegentlich in die hübschen Worte: „Mein Alter hat nämlich selbst mal recht gut gelebt, und nun möcht' er mich so gern davor bewahren."

Die Wonne deutscher Schulpedanten: ein Duckmäuser,

beliebig knetbar und willig zum Denunzieren, wird auf englischen Colleges nicht gezüchtet. Dafür läuft die britische Jugend in der Tat die entsetzliche Gefahr, zu „einem Wachstum des physischen Selbstgefühls zu entarten", bis „alles Körperliche eine neue Dreistigkeit gewinnt". Gut gebrüllt, Löwe! *) Die Entartung zur Kraft! Selten hat ein schulmeisterliches Ideal seinen Pferdefuß unvorsichtiger blicken lassen. Kennen diese Herren überhaupt einen Goethe? Kennen sie Goethes „Götter, Helden und Wieland"? Wo Herakles dem armen Weimaraner klarmacht, was ehemals ein tüchtiger Kerl gewesen sei, bis Wieland knieschlotternd stammelt, das meiste davon werde jetzt als Laster betrachtet? Dank, Goethe! Du hilfst uns noch heute.

Was die frauenzimmerliche Opposition gegen die „Roheit" des Sports anlangt, soll ein Zitat aus Frauenmund sie niederschlagen. Helene Stöcker, in einem Aufsatz über Rahel Varnhagen, sagte jüngst: „Nur die kläglichste Philistrosität und Banalität kann vor einer Entwicklung warnen wollen, weil Konflikte und Schmerzen, weil ‚auch Gefahren' aus ihr hervorgehen könnten". Das trifft ins Herz der Sache. Da braucht man kein Wort mehr hinzuzufügen. Nur ein Beispiel mag noch reden. Im letzten Winter fiel zu Pforzheim, vor dessen Toren bekanntlich das Würm-, das Nagold- und Enztal einmünden und der Schwarzwald beginnt, an einem Sonntagnachmittag viel Schnee. Die Stadt ist hüglig; der Verkehr stand still, die Polizei war gnädig. Im Nu zog sich vom hohen Wasserturm durch die lange Schwarzwaldstraße zum Turnplatz herab eine köstliche, fast sechshundert Meter lange Rodelbahn. Jung und alt war auf den Beinen, am

---

*) Gemeint ist Prof. G. Budde, im „Tag" vom 13. August 1908.

Sonntag und am Montag bis zur Mitternacht. Es wurden im ganzen fünfundzwanzig Unfälle auf der Polizei angemeldet; ich selbst habe einen offenen Kopf geflickt. Aber wenn ein Schulmeister, wie ich ihn einst in jungen Tagen erdulden mußte, in seinem schwarzen Pelzrock „die Aufsicht geführt" und sein „Zurück da! ... Nicht rodeln!" hätte ertönen lassen, der Mann würde zuerst ausgelacht und dann verprügelt worden sein.

Das war ein Aufjauchzen; ein Zeichen innerer Gesundheit; ein Trieb zur Steigerung der Daseinsgefühle gerade durch die Gefahr; eine Sensation, zehnmal so reizvoll und hundertmal förderlicher als das Brüten über „aufregenden" Romanen, das Verschlingen von Mordprozeßberichten oder das Hocken und Gröhlen in rauchigen Kneipen, trotz allen Kontusionen, Wunden und Knochenbrüchen. Unser Volk ist eben weder so „moralisch" wie unsere Sauertöpfe, noch so feig und bekniffen wie unsere Hypochonder glauben machen möchten. Man gebe ihm frei Spiel, und vieles könnte noch gut werden.

Freilich die Prüderie! Sie ist übermächtig geworden; jeden Quadratzoll Haut muß man ihr abringen. Aber es geht vorwärts. Noch zehn Kampfjahre vielleicht, und wir könnten auf Erden schon feiern, was uns früher erst vom Jenseits versprochen wurde: die Auferstehung des Leibes. Unsre Rasse ist mit zu stolzem Wuchs in die Weltgeschichte eingetreten, um als eine Menagerie hüstelnder Kümmerlinge mit welken Armen und Hängebäuchen zu enden. Darum auf! Und keinen Frieden gegeben, bis wir der lieben deutschen Jugend die Freiluft erobert haben!

Inhaltsverzeichnis

Zeitfracht Medien GmbH
Ferdinand-Jühlke-Straße 7
99095 Erfurt, Deutschland
produktsicherheit@kolibri360.de